Freiheit durch Trading!

Heikin Ashi Trader

Inhaltsverzeichnis

Teil 1: Trading und freiheit

Vorwort

Wer Trader werden will tut dies meist, weil er sich ein freieres Leben erhofft. Oder er geht an die Börse, weil er nicht mehr in seinem Beruf arbeiten möchte und eine Alternative sucht. Leider bedeutet dies meist, dass er auf der Suche nach einer Strategie ist, von der er hofft, dass sie ihm dieses freiere Leben ermöglichen wird. Und hier unterliegt er schon seinem ersten Irrtum: Er glaubt, dass eine Strategie, darüber bestimmt, ob er sein Ziel erreichen wird oder nicht.

In diesem Buch möchte ich der Frage nachgehen, ob man durch Trading mehr Freiheit im Leben erlangen kann und wenn ja, wie man das am besten anstellt. Schließlich ist Trading, von außen betrachtet, genauso ein Bürojob wie jeder anderer auch. Denn entgegen dem, was fast jeder neue Trader denkt oder vermutet, ist es eben gerade nicht eine bestimmte Strategie oder eine bestimmte Methode, die zum Erfolg führt. Ich zeige in diesem Buch, warum es meiner Meinung nach genau umgekehrt ist: Zuerst muss der Trader eine gewisse Form von Freiheit erlangen. Ist dieser Zustand erreicht, findet er Mittel und Wege, um eines Tages auch finanzielle Freiheit zu erlangen. Zuerst kommt die Freiheit, dann das Geld.

Man sollte sich von der Idee verabschieden, dass ein freies Leben die Folge einer Taktik ist, also das Ergebnis einer bestimmten Trading-Methode. Nicht wenige Neulinge an der Börse denken, dass sie nur die richtige Strategie finden müssen, damit all ihre Probleme (also ihre Trading-Verluste) sich in Luft auflösen. Es ist aber genau das Gegenteil: Man findet diese Strategie oder die Methode, die genau zu einem passt erst, wenn man eine gewisse Freiheit erlangt hat.

Geld oder Trading-Erfolg ist gleichsam ein Nebenprodukt einer inneren Einstellung, einer inneren Freiheit. Das kann man klar beobachten, wenn Trader eine neue Methode zu traden beginnen. Zwar mögen sie die äußeren Regeln der Methode peinlich genau einhalten, sie machen dennoch keinen Gewinn, weil ihnen die Freiheit fchlt, mit der der Trader, der die Methode entwickelt hat, handelt. Der Erfinder der Methode hat sie jedoch deshalb erfunden, weil er die Flexibilität und Unabhängigkeit besaß, die Märkte auf eine andere oder originellere Art und Weise zu betrachten. Das bedeutet, dass er sich eben gerade nicht an feste Regeln oder scheinbare Gewissheiten gehalten hat. Er besaß die Fähigkeit, konträr zu denken, unter Umständen alle Regeln zu brechen und genau das Gegenteil von dem zu tun, was alle Trading-Gurus behaupten. Er besaß den Mut, was ein anderes Wort für Freiheit ist, Dinge zu tun und zu probieren, die die meisten Trader als ketzerisch betrachten würden. Er besaß die geistige Freiheit, sämtliche Regeln zu brechen, von denen man bislang annahm, dass sie unbedingt eingehalten werden müssen.

Du brauchst ein Beispiel?

Reden wir von einem Trader, der in der Lage ist, das gesammelte Wissen der sogenannten technischen Analyse ein für alle Mal ad acta zu legen – oder zumindest das Gegenteil von dem zu tun, was alle „renommierten" technischen

Analysten behaupten und predigen. Ein bekannter Trader-Witz sagt, dass die technische Analyse deshalb von Profis erfunden wurde, damit der kleine Privat-Trader jahrelang damit verbringen würde, sie zu studieren. Somit wäre sein Blick endgültig verstellt von dem, was wirklich am Markt geschieht.

Das war aber kein Witz…

Diesen unverstellten Blick bekommt man am schwierigsten wieder zurück, wenn man jahrelang auf einem Chart nur Flaggen, Dreiecke, Aufwärtstrends und Abwärtstrends, Ausbrüche, überkaufte und überverkaufte Indikatoren gesehen hat. Ich sage nicht, dass man damit nicht traden kann, aber wer sich einmal auf diese Dinge eingelassen hat, wird es nicht leicht haben, sich wieder von ihnen zu befreien. Genauso wird, wer Gemälde bislang nur auf der Grundlage der Perspektive betrachtet hat, sich schwertun, Bilder schätzen zu lernen, die nur aus Farbe oder kubischen Flächen bestehen.

Dieses Buch ist das Ergebnis von über 22 Jahren Trading-Erfahrung. Es ist ebenfalls die Frucht einer jahrelangen Auseinandersetzung mit Fragen, die ich von Tradern bekommen habe. Diese zwangen mich, tiefgründiger über die Themen nachzudenken, die hinter ihren Fragen verborgen waren, und die ihnen meist selbst nicht bewusst waren. Diese Themen sind die eigentlichen Fragen, die sich ein Trader stellen muss, wenn er zu der Minderheit gehören will, die wirklich Erfolge an der Börse vorweisen kann. Diese kleine Gruppe hat nicht irgendeine geheime Strategie entdeckt, die andere nicht kennen. Sie wurden deswegen erfolgreich, weil sie in sich selbst eine Freiheit und eine Beweglichkeit entwickelt hatten, Dinge anders zu sehen als der Großteil der Trader.

Auf manche dieser Fragen bin ich auf meinem deutschen YouTube-Kanal tiefer eingegangen. Die Leser, die diese Videos kennen, werden einige Inhalte wiedererkennen. Dennoch habe ich die Abschriften dieser mündlichen (und oft spontanen) Überlegungen gründlich überarbeitet. Manches habe ich versucht, noch deutlicher zu formulieren als in den Videos möglich war. Bestimmte Fragestellungen, die ich in den Aufnahmen nur angedeutet hatte, habe ich vertieft und ausgeschrieben. Es ist eine stattliche Sammlung an Trader-Wissen entstanden, von denen ich hoffe, dass der Leser den Mehrwert erkennen wird, und sei es nur, weil ich es gewagt habe, bestimmte Trader-Dogmen in Frage zu stellen.

1. Trading ist Freiheit

In meinem Leben hatte das Thema Freiheit schon immer eine große Bedeutung, auch schon lange bevor ich überhaupt daran dachte, Trader zu werden. Für mich bedeutet Freiheit, selbstbestimmt und unabhängig zu sein, und nichts und niemanden über mir zu haben, der über meine Zeit bestimmt oder mir sagt, was ich zu tun oder zu lassen habe.

In meinem Streben nach Freiheit habe ich viele Opfer gebracht. Ich habe Dinge getan, die andere nicht wagen würden. Ich habe zum Beispiel eine sichere Arbeitsstelle aufgegeben, obwohl sie gut bezahlt war und mit ihr viel Freizeit einherging. Die Menschen, die mich damals kannten, hielten mich für verrückt, als ich diese Entscheidung traf. Doch im Nachhinein stellte sich heraus, dass gerade diese Entscheidung wichtig war. Sie gab mir die Kraft, meinen Weg als Trader zu gehen und genau das selbstbestimmte Leben zu führen, von dem ich träumte. Die Freiheit, die ich damals erworben habe, ist für mich heute unbezahlbar!

Natürlich war es kein einfacher Weg. Ich habe schwere Zeiten erlebt. Doch trotz aller Widrigkeiten würde ich nichts davon ändern wollen. Niemals würde ich zum Beispiel für eine Organisation oder eine Firma arbeiten wollen, die nicht *mir* gehört. Ich bin dankbar, dass ich eines Tages diese harte Entscheidung getroffen habe. Jedoch ist mir bewusst, dass nicht jeder in der Lage ist, so etwas zu tun, denn die allermeisten Menschen wählen den Weg der Sicherheit statt dem der Freiheit. Sie wählen die Sicherheit einer festen Anstellung, weil diese ihnen das Gefühl gibt, dass sie geschützt sind. Etwas überspitzt könnte man sie auch einen sicheren Käfig nennen, in die die Unwägbarkeiten des wirklichen Lebens niemals eindringen können (und natürlich aber auch nicht die Chancen). Die „sichere Stelle" ist deshalb geschaffen worden, damit man nie mit dem wirklichen „Markt" da draußen in Kontakt kommt.

Doch wenn es um wahre Freiheit geht (also darum, den Käfig zu verlassen), gibt es nichts mehr, was einen schützt. Niemand hält mehr deine Hand. Von nun an musst du selbst handeln. Du musst selbst alle Entscheidungen treffen. Und genau darum geht es beim Trading: Du musst selbst Entscheidungen treffen! Du musst entscheiden, aufgrund welcher Kriterien und wann du in den Markt einsteigst und wann du wieder aussteigst. Du musst entscheiden wann du tradest und wann du nicht tradest. Du musst entscheiden, wieviel deines Kapitals du riskierst und dann auch die volle Verantwortung dafür übernehmen, wenn es schiefgeht.

Es ist klar, dass derjenige, der die meiste Zeit seines Lebens in einem System verbracht hat, in dem einem diese Entscheidungen abgenommen werden, damit völlig überfordert ist. Gerade deshalb scheitert er oder sie im Trading oder im Geschäftsleben, denn die Freiheit, selbst alle Entscheidungen treffen zu dürfen, ist eines der schwersten Dinge, die man tun kann, vor allem dann, wenn man es nie gelernt hat.

Deshalb kehren die meisten, die Trading versucht haben und gescheitert sind, früher oder später in ihre vertraute Komfortzone (in ihren Käfig) zurück. Genauso wie der Gefangene, der über zwanzig Jahren gesessen hat am liebsten in seine Zelle zurückkehren möchte, weil er die Gesellschaft, die er nach all den Jahren Freiheitsentzug vorfindet, nicht mehr versteht.

Übertreibe ich hier?

Damit will ich nicht sagen, dass ich auf diejenigen herabblicke, die sich für Sicherheit entscheiden. Es mag gute Gründe geben, dies zu tun, zum Beispiel wenn man kleine Kinder hat und erst mal jeden Tag Essen auf den Tisch kommen oder ein neuer Schulranzen gekauft werden muss. Ich denke sogar, dass der Weg der Sicherheit für die allermeisten Menschen richtig ist, obwohl man sich die Frage stellen muss, ob es, abgesehen von staatlich garantierten Jobs, noch so etwas gibt wie „eine sichere Stelle.“

Entscheidet man sich für die Freiheit und verlässt man den Käfig, geht es zunächst darum zu lernen, eigene Entscheidungen zu treffen. Niemand sagt dir jetzt, was richtig oder falsch ist. Nur du kannst das herausfinden.

Wenn du ein freies und selbstbestimmtes Leben führen möchtest, musst du dir darüber im Klaren sein, dass es nicht immer einfach sein wird. Es wird Momente der Härte geben, Momente des Scheiterns. Auch ich bin mehrfach gescheitert, auch im Trading. In meinem Fall hat es ganze sieben Jahre gedauert, bis ich endlich profitabel wurde. Sieben lange Jahre musste ich mir manchmal sogar Geld leihen, um traden zu können. Ich habe aber jeden einzelnen Cent an diese Menschen zurückgezahlt. Ich konnte es, dennoch empfehle ich niemandem, Geld zu leihen um traden zu können. Es war eine persönliche Entscheidung, die ich getroffen habe, und zu der stehe ich auch.

Trader zu werden ist sicherlich eine der besten Möglichkeiten, ein selbstbestimmtes und freies Leben zu führen. Es gibt aber durchaus Alternativen. Für den einen ist es Trading, für andere ist es vielleicht ein anderes Business. Jeder muss seinen Weg finden, und das ist nicht leicht, weil dir niemand sagt, was *du* zu tun hast.

Wählst du Trading, ist es ein Wagnis. Sicher, es ist ein Business, in das man hineinwachsen und in dem man sich entwickeln kann. Es gibt Bücher, die genau erklären, wie man vorgehen kann. Die Frage ist jedoch, ob der neue Trader die Vorgaben auch umsetzen und die nötige Disziplin dazu aufbringen kann. Disziplin ist das A und O im Trading. Viele scheitern genau daran, weil Disziplin meist Härte gegenüber sich selbst bedeutet (es ist daher nicht verwunderlich, dass ehemalige Militärs oft gute Trader werden).

Es ist keine einfache Aufgabe, aber wenn der Trader es schafft, seine Strategie profitabel anzuwenden, und zwar dauerhaft, verfügt er über eine der freiesten Businesses der Welt. Er hat weder Kunden noch Chef. Er kann traden so viel und wann immer er will. Er kann weggehen und in ein anderes Land reisen und von dort aus traden. Von allen Businesses, die ich kenne, ist es sicher eines der freiesten. Den Preis, den man zu zahlen bereit sein muss, ist die Bereitschaft, immer wieder neue Dinge lernen zu wollen und die eiserne Disziplin, bestimmte Regeln umzusetzen. Wenn man das kann, dann kann man es auch wagen.

2. Wie wirst du wirklich frei?

Ich möchte über ein Bild sprechen, das mich seit langem fasziniert. Es hängt in der Wohnung einer Person, die mir sehr nahesteht. Ich sehe es also regelmäßig. Es handelt sich um einen bekannten japanischen Holzschnitt mit dem Namen „Die große Welle vor Kanagawa".

Dieser Farbholzschnitt im Ukiyo-e Stil des japanischen Künstlers Katsushika Hokusai gehört zu einer zwischen 1830 bis 1836 entstandenen Bildserie, in der er 36 Landschaften rund um den Berg *Fuji-San* abgebildet hat.

Der verschneite Berg, den man auf dem Holzschnitt sehen kann ist ein Vulkan und gehört zu den heiligen Bergen Japans. Um diesen Berg ranken sich zahlreiche Legenden und Geschichten. Eine dieser Geschichten besagt, dass er „gottgleich" ist und bei dieser Bezeichnung würde ich gerne innehalten.

Auf dem Bild sieht man nicht nur den Vulkan, sondern auch Menschen in zerbrechlichen Booten, die versuchen, zwischen den riesigen Wellen hindurchzukommen. Obwohl das Bild am Anfang des neunzehnten Jahrhunderts entstanden ist, stellt es für mich ein Sinnbild unserer Zeit dar, in der viele Menschen nach Orientierung suchen. Das Zeitgeschehen kann einem manchmal richtig überfordern und auch verwirren. Wir scheinen in einer Epoche zu leben, in der es kaum noch Sicherheiten gibt und sich alles in stetigem Wandel befindet. Man könnte fast das Gefühl bekommen, wenn man das Bild von Hokusai betrachtet, dass man zu jeder Zeit von einer großen Welle verschlungen werden könnte und nie mehr auftauchen würde. Natürlich ist das eine Metapher, aber ein Bild kann ein Gefühl oft besser zum Ausdruck bringen als Worte.

Viele Menschen sind deshalb auf der Suche nach sicherem Halt. Sie möchten am liebsten diese zerbrechlichen Boote verlassen, in denen sie sich befinden und an Land gehen, wo sie „die große Welle vor Kanagawa" nicht verschlingen kann. Wer kann es ihnen verübeln?

Die Mutigeren unter ihnen, die erkannt haben, dass man Wege finden muss, wie man sein Boot in diesen unruhigen Gewässern am besten steuern kann, suchen nach neuen Möglichkeiten, ihr Leben zu gestalten. Einige von ihnenversuchen ihr Glück an der Börse. Wenn auch das irgendwann nicht klappt, landen schließlich einige von ihnen bei mir.

Ich kann einige Beispiele nennen. Vor kurzem kam beispielsweise ein IT-Spezialist zu mir, der für einen

Fernsehsender Arte arbeitet. Man würde vermuten, dass er dort angestellt ist, schließlich wird dieser Sender durch Steuergelder finanziert. Das ist jedoch nicht der Fall. Seine Stelle ist „ausgelagert". Es gibt eine Zwischengesellschaft, über die seine Arbeit abgewickelt wird. In dem Sinne gehört er zu den sogenannten Scheinselbständigen. Er ist ganz auf sich gestellt, obwohl er nur einen Kunden hat, für den er ausschließlich arbeitet. Das würde ich nicht als „sichere Stelle" betrachten, denn zu jeder Zeit könnte der Auftraggeber die Zwischengesellschaft aufkündigen oder die Zwischengesellschaft selber schickt ihn auf die Straße. Das zeigt, dass selbst Unternehmen, die mit öffentlichen Geldern arbeiten, ihre Mitarbeiter auslagern! Ein anderes Beispiel ist ein Pilot einer großen europäischen Fluggesellschaft, der mich vor einiger Zeit anrief. Früher war das noch ein erstklassiger Beruf, der eine spezialisierte Ausbildung erfordert. Doch auch diese Jobs sind nicht mehr sicher.

Die Gruppe der Bevölkerung, die man früher „Mittelschicht" genannt hat, gehört heute zunehmend zum Prekariat, also der Gruppe Menschen, die mit viel Unsicherheit in Hinblick auf ihre berufliche Entwicklung zu kämpfen haben. Ich habe sieben Jahre in Berlin gelebt, wo man das Prekariat besonders gut studieren kann. Die Umstände der besseren Berufe werden also zunehmend selber prekär. Was früher als eine sichere Tätigkeit galt, kann durch disruptive Ereignisse wie die fortschreitende Digitalisierung plötzlich irrelevant werden.

Das erzeugt natürlich Angst. Und unsere Gesellschaft ist immer mehr von Angst geprägt, nicht nur wegen der prekären Lebens- und Berufsverhältnisse. Es reicht, sich die Nachrichten anzuschauen: Derzeit haben wir einen Krieg in der Ukraine und in Israel. Eine mögliche Eskalierung dieser Konflikte erzeugt natürlich wieder Angst. Davor hatten wir eine Gesundheitskrise, die ebenfalls bei vielen Ängste ausgelöst hat. Dann sind manche der Meinung zugetan, dass der Planet bald in Flammen aufgeht, wenn wir nicht bald unsere Industriegesellschaften rückabwickeln. Auch das erzeugt enormen Unmut und Unsicherheit. Man fragt sich, was als Nächstes kommt und wovor wir uns dann fürchten müssen. Gefühlt leben wir zwischen permanenten Wellen der Angst, und es ist nicht einfach, inmitten all dem ein ausgeglichenes Leben zu führen. Man fühlt sich tatsächlich ein wenig wie die japanischen Fischer von Hokusai, die ihre zerbrechlichen Boote zwischen den hohen Wellen hindurchsteuern müssen. Man wünscht sich, man könnte wie der heilige Berg Fuji-san in der Landschaft stehen und „gottgleich" sein, unberührt von den Wogen, die an ihn heranzubranden scheinen.

Doch die meisten von uns sind weit davon entfernt. Damit komme ich zum eigentlichen Punkt, den ich ansprechen möchte und wofür der Fuji-San als Bild steht. Wenn du wahre Unabhängigkeit erreichen möchtest – und damit meine ich nicht nur finanzielle Unabhängigkeit, sondern auch innere Unabhängigkeit – musst du etwas in dir entdecken, das frei von Angst ist. Du musst etwas finden, das frei von all dem ist, was von außen auf dich einströmt und dich ängstigt. Wenn das äußere Geschehen in dir Ängste erzeugt, musst du etwas *in dir* finden, das frei ist von Angst.

Früher gab es eine Instanz, die frei von Angst war: die Religion oder der Glaube. Früher glaubten die Menschen an etwas, und egal was man davon halten mag, es gab ihnen eine gewisse Sicherheit und einen Halt. Doch das ist jetzt vorbei, zumindest für die meisten Menschen. Es gibt vielleicht noch eine kleine Minderheit, die an ihren Glauben festhält. Aber diese Stütze ist in der westlichen Welt für die meisten weggefallen, abgesehen von gewissen Bevölkerungsschichten in den Vereinigten Staaten. Die innere Stütze gibt es nicht mehr, und auch die äußeren Stützen verschwinden zunehmend, sei es der Beruf, die Familie oder halbwegs sichere Lebensverhältnisse.

Was bleibt dann?

Meine Antwort lautet: Du musst etwas *in dir* entdecken, das dir von innen heraus Selbstsicherheit und Halt gibt. Niemand kann dir sagen, was das genau ist, auch ich nicht. Denn wenn ich es sagen könnte, wäre ich für dich wieder eine äußere Autorität, die dir sagt, was du zu tun oder zu lassen hättest.

Als Trader musste ich mich in meinen ersten Jahren mit meinen Ängsten auseinandersetzen und sie überwinden. Nur so konnte ich etwas *in mir* entdecken, das frei von Angst war. Was das ist, kann ich nicht sagen. Ich weiß, wenn es da ist, und ich weiß vor allem, wenn es nicht da ist. Und zweifellos war es diese angstfreie Stelle in mir, der ich den Erfolg beim Traden zu verdanken habe. Ich bin mir sicher, dass die sogenannten statistischen neunzig Prozent der Trader, die als

„Verlierer" gelten, deshalb zu den Verlierern gehören, weil sie diese angstfreie Stelle in sich selbst nicht gefunden haben.

Ich glaube, dieser Punkt ist wichtiger als jede neue Strategie, die einem erfolgsversprechender daherkommt als die Strategie, die man gerade jetzt anwendet. Was auch immer diese angstfreie Stelle in dir ist, sie wird niemals von außen an dich herangetragen werden.

Fakt ist: Die Welt da draußen wird zunehmend unsicher. Im Sinne des Bildes von Hokusai könnte man sagen, die Wellen werden immer höher und gefährlicher. Immer mehr Menschen drohen in prekäre Berufsverhältnisse zu geraten, weil immer mehr disruptive Technologien wie neuerdings die künstliche Intelligenz alles über den Haufen zu werfen scheinen. Ich sage bewusst „scheinen", denn die Angstmacherei ist vor allem medial konstruiert. Sie mag einen realen Hintergrund haben, aber die Medien beschreiben die Angstwellen oft höher, als sie tatsächlich sind. Dazu kommen heute die sozialen Medien, die das Ganze wie durch ein Vergrößerungsglas weiter dramatisieren und dir das Gefühl geben, als geschehe es jetzt gerade bei dir zu Hause.

Gerade deshalb ist es so entscheidend, dass jeder Trader etwas in sich entdeckt, das frei von Angst ist und ihm, wie der heilige Berg Fuji-San, als feste und sichere Grundlage dient. Erst dann können der Unternehmer und der Trader in dir wachsen, denn als Trader bist du ein Unternehmer, ob dir das bewusst ist oder nicht. Du bist eine Art Unternehmer in Wertpapieren. Erst wenn du das verinnerlicht hast, kann der selbstständige Unternehmer in dir wachsen. Dieser

Unternehmer trifft seine eigenen Entscheidungen und lässt sich nicht mehr von äußeren Bedingungen wie Medien oder selbsterklärten Gurus leiten. Er folgt seinem eigenen Stern.

Genau das ist Traden. Ein Trader trifft selbst Entscheidungen, unabhängig davon, ob sie zu Gewinn oder Verlust führen. Es ist also von großer Bedeutung, dass er diese angstfreie Stelle und Ruhe in sich findet, die in der Lage ist, freie und selbstbestimmte Entscheidungen zu treffen.

Heutzutage wird viel über finanzielle Unabhängigkeit gesprochen. Sie ist ein wichtiges Thema und für viele erstrebenswert. Aber im Grunde genommen ist das, wonach die meisten von uns wirklich streben, nicht primär die finanzielle Unabhängigkeit. Viel wichtiger ist es, keine Angst mehr zu haben. Dann erlangt man den Punkt, niemandem mehr nach dem Mund reden zu müssen. Dann wird man endlich sein eigener Herr, wenn es keine Autorität (und keine Angstmacher) mehr über dich gibt. Das ist die größte Freiheit. Das ist es, was die meisten wirklich suchen. Und wenn du diesen Punkt erreichst, dann kommt das Geld irgendwann von selbst.

3. Erfolgreiche Trader sind erwachsene Trader

Vielleicht klingt es etwas provokant, wenn ich es so formuliere, aber ich glaube, dass man erst dann wirklich erfolgreich an der Börse wird, wenn man als Trader *erwachsen* wird. Was meine ich damit? Gemeinhin versteht man unter Erwachsensein, dass man als Person betrachtet wird, die die volle Verantwortung für seine Taten übernimmt. Für das, was man tut oder nicht tut, trägt man die vollen Konsequenzen.

Jeder Erwachsene versteht das, egal, ob im Verkehr oder im Umgang mit den Mitmenschen: Sobald du gegen irgendein Gesetz verstößt und erwischt wirst, wirst du dafür die Konsequenzen tragen müssen. Entweder wirst du ermahnt oder bestraft. Das kennen wir alle, und deshalb vermeiden wir natürlich, Dinge zu tun, die nicht mit den Gesetzen übereinstimmen. Oder wir tun alles, um nicht erwischt zu werden, wenn wir illegal unterwegs sind.

Nun, im Trading gibt es etwas Ähnliches. Man wird erst dann ein wirklicher Trader, wenn man die volle Verantwortung für seine Trades übernimmt. Das bedeutet zum Beispiel, dass man akzeptiert, dass nicht jeder Trade ein Gewinn sein kann. Es gibt kein perfektes System. Auch meine Trading-Methode ist nicht perfekt. Man kann sicherlich Kritikpunkte finden, an dem was ich tue, und das ist völlig in Ordnung. Wenn mich Leute kritisieren und sagen: „Das ist eigentlich Schrott, was dieser Heikin Ashi-Trader da erzählt, oder in seinen Büchern schreibt", verstehe ich das total. Ich kann gut damit leben, wenn jemand sagt: „Ich möchte nicht mit dieser Methode traden oder scalpen.“

Und auch die Trader, die mit meiner Methode arbeiten, wissen, dass sie nicht der „Heilige Gral“ ist. Es tauchen immer wieder Verlust-Trades und Verlustreihen auf (Drawdowns, wie wir es in der Trader-Sprache nennen). Mit anderen Worten: Auch wenn man mit meinem System tradet, wird man feststellen, dass es nicht das ist, was einige erwarten – nämlich eine magische Pille, mit der man plötzlich nur noch Gewinne macht. So etwas gibt es nicht. Nirgendwo. Wenn es sie gäbe, würde dieser Trader alle Gewinne der Welt auf sich ziehen und nicht nur Multimilliardär, sondern noch viel reicher sein. Aber das kann es nicht geben, und es ist gut, dass es das nicht gibt.

Anders gesagt: Der Trader sollte eine erwachsene Haltung gegenüber seinem Trading-Business einnehmen und nicht weiterhin auf der Suche nach etwas sein, das ihm perfekte Ergebnisse liefern wird. Er wird es nicht finden, egal was er versucht. Es gibt so viele Trader, die von einer Strategie zur nächsten springen. Sie versuchen einige Wochen etwas Neues und geben dann wieder auf, sobald die ersten Verluste auftreten. Dann probieren sie es mit der nächsten Strategie, in der Hoffnung, dass es dort klappen wird. Und so geht es weiter, von Strategie zur Strategie.

Nach meiner Erfahrung liegt das Problem nicht an der Strategie selbst. Die Trading-Methode kann etwas sehr Einfaches sein. Trader wissen zum Beispiel, dass die Chancen relativ gut stehen, dass der Markt an einer Unterstützung wieder nach oben dreht und man möglicherweise einen Gewinn erzielt, wenn man etwas mit technischer Analyse vertraut ist und die Unterstützung erkennt. Funktioniert das immer? Keineswegs. Genauso ist es, wenn man bei einem Widerstand Short geht, auch da besteht die Möglichkeit, Gewinn zu machen. Und obwohl das die meisten Trader wissen, scheint es manchmal doch nicht zu funktionieren. Es kann genauso gut passieren, dass der Markt weiter steigt, wenn man Short geht und man erleidet einen Verlust.

Manche sagen dann: „Das ist es irgendwie auch nicht. Ich brauche noch einen Indikator." Oder: „Ich brauche noch dies oder jenes". Insgeheim denken sie, dass sie ein geheimes Rezept brauchen, eine Art magische Pille, die ihnen endlich die erhofften Gewinne garantiert.

Der Trader wird diese magische Pille nicht finden, denn sie existiert nicht. Auch die Hedgefonds haben sie nicht. Kein einziger Trader auf der Welt hat diese magische Pille. Worum geht es dann? Was bedeutet es dann, erfolgreich zu sein? Worin besteht Erfolg tatsächlich?

Zunächst geht es erst darum, zu lernen, Verluste zu akzeptieren, denn Verluste treten immer wieder auf – mal mehr, mal weniger. Sie gehören zum Traden dazu. Ich gehe sogar einen Schritt weiter: Ohne Verluste kannst du keinen Gewinn machen. Denn Traden bedeutet, kalkulierte Risiken einzugehen, um sich Chancen zu erarbeiten. Und wer Risiken eingeht, wird hin und wieder einen Verlust akzeptieren müssen. Mit anderen Worten: Verlust-Trades sind eine wichtige Komponente eines jeden Trading-Systems oder jeder Trading-Strategie. Ohne Verluste ist der Trader gar nicht in der Lage, am

Markt zu agieren. Ich wiederhole: Verluste sind eine wichtige Komponente eines jeden Trading-Systems, ohne die der Trader gar nicht traden könnte. Es wäre widersinnig, sie vermeiden zu wollen.

Die wahre Kunst besteht darin, Verluste so weit wie möglich zu begrenzen und im Gegenzug, wenn man Gewinne erzielt, sie zu realisieren. Das ist auch ein Problem, mit dem nicht wenige Trader ringen: Sie realisieren ihre Gewinne nicht. Sie schließen den Trade nicht, der im Gewinn steht und hoffen auf höhere Gewinne, die möglicherweise nicht eintreten.

Wenn man das einmal verstanden hat, besteht die Kunst des Tradings aus einem ganz einfachen Prinzip: Die Summe der Gewinne muss höher sein als die Summe der Verluste. Ob man dieses Ziel mit einer Trefferquote von vierzig Prozent oder siebzig Prozent erreicht, spielt keine Rolle. Aber man sollte nicht nach einem System suchen, das einem fast nur Gewinne liefert. Das gibt es zwar, aber in der Regel wird man sehen, dass bei solchen Strategien hin und wieder ein Verlust-Trade auftaucht, der alle vorherigen Gewinne auslöscht. Das ist geradezu typisch für solche Strategien.

Der Trader kann irgendeine Strategie wählen. Es ist fast egal, was er wählt. Er kann mein System traden, eine Strategie von einem anderen Trader übernehmen oder selbst etwas entwickeln, aber er wird immer Verluste haben. Solange er das nicht akzeptiert, ist er kein erwachsener Trader. Er ist kein richtiger Trader. Er lebt immer noch in einer kindlichen Welt, mit kindlichen Vorstellungen, als gäbe es da draußen irgendwo ein perfektes System oder eine perfekte Strategie. Die gibt es nicht. Er sollte sich also nicht weiter damit beschäftigen. Der Trader sollte sich für eine Strategie entscheiden, sich mit Risikomanagement und Money-Management auseinandersetzen, denn wenn es irgendwo „ein Trading-Geheimnis" gibt, dann ist es hier. Ein guter Trader ist ein guter Risikomanager. Solange man Trading als eine Art Schatzsuche betreibt, hat man es noch nicht wirklich begriffen.

Diejenigen, die im Übrigen eine „Schatzsuche" anbieten, sei es in Form eines Signaldienstes oder eines wöchentlichen oder monatlichen Newsletters, appellieren nicht an den nüchternen Risikomanager in dir. Sie appellieren an den Fünfjährigen, der bei der Schnitzeljagd auf dem Kindergeburtstag komplett ausflippt. Sie wenden sich an das innere Kind, das am liebsten gleich die Belohnung haben möchte, ohne vorher gearbeitet zu haben. Wenn man die Werbung anschaut, Börsenwerbung oder Werbung für egal welches Produkt (neunundneunzig Prozent der Börsen-Inhalte im Internet ist Werbung) wird man immer wieder dieses Prinzip wiedererkennen. Die Werbung wendet sich nicht an den nüchternen Risikomanager, denn wenn sie sich darauf spezialisieren würde, wäre sie vermutlich nutzlos. Das wissen alle Werbeprofis in der Welt. Werbung funktioniert mit Emotionen, nicht mit rationalen Überlegungen. Also wendet sich Werbung an das Kind in dir, nicht an den Erwachsenen. Und die Schatzsuche ist ein Spiel, das für Kinder gedacht ist. Wer traden will, kann das mit einer Methode tun, die sogar sehr einfach ist, wie zum Beispiel an der Unterstützung kaufen und am Widerstand verkaufen. So einfach kann es sein. Mehr braucht man nicht. Man kann Ausbrüche aus einer Konsolidierung traden (Breakouts). Oder das Gegenteil davon tun, wenn man davon ausgeht, dass siebzig Prozent der Ausbrüche misslingen. Es spielt keine Rolle, welche Methode man wählt. Es ist eine Tatsache, dass Trader mit allen Arten von Methoden oder Strategien erfolgreich sind, sogar wenn sie das Gegenteil machen von dem, was ihr ebenfalls erfolgreicher Kollege tut.

Du fragst dich vielleicht, wie das sein kann. Wie kann es sein, wenn Trader A Ausbrüche handelt und Trader B genau das Gegenteil tut, dass beide erfolgreich sein können?
Es funktioniert deshalb, weil das Geheimnis des erfolgreichen Tradens gar nicht in der Strategie selbst liegt, sondern in der Art und Weise, wie der Trader, die Verlust-Trades managt, egal ob er Strategie A oder B handelt.

Wenn man einmal verstanden hat, dass es viel mehr darum geht, *wie* man den Trade managt, sobald man ihn eröffnet hat, ist man auf dem Weg, ein echter Trader zu werden. Ein weiteres Beispiel ist, dass man versteht, dass man den Verlust begrenzen soll, wenn der Trade nach einer gewissen Zeit immer noch nicht im Gewinn ist. In Trader-Sprache heißt das meist: den Stop in Richtung des Einstiegslevels zu verschieben und zu versuchen, mit geringem Verlust aus dem Trade auszusteigen. Beherrscht man dieses einfache Prinzip, ist man schon sehr weit.

Ich weiß, dass das, was ich hier sage, schon tausendmal gesagt worden ist. Es gibt bezüglich der

Grundprinzipien nichts Neues in der Trader-Welt. Man sollte auch nicht glauben, dass es irgendwelche Software gibt, die es besser kann als der Trader, der selbst tradet. Auch diejenigen, die automatische Handelssysteme entwickeln – ich nenne sie gerne die *Ingenieure der Börse* –, haben mit diesen Problemen zu kämpfen. Auch sie haben Verlustreihen und müssen das System abschalten, weil es plötzlich nur Verluste produziert. Das liegt daran, dass das System, das sie entwickelt haben, auf Backtests basiert – und Backtests beziehen sich immer auf die Vergangenheit, nicht auf die Zukunft. Traden ist jedoch eine Wette auf die Zukunft. Und diese ist immer unsicher und oft auch unberechenbar. Das ist auch der Grund, weshalb viele Menschen Angst vor dem Traden haben, weil sie instinktiv spüren, dass man eine Welt betritt, die man nicht „kontrollieren" kann.

Es ist, als würde man ein Haus betreten, in dem ganz andere Regeln gelten als die, die man von sich zu Hause kennt. Wenn man dieses Haus betritt, das Börsenhaus, ist es, wie wenn sich der Esstisch plötzlich in Bewegung setzt, wenn man das Wohnzimmer betritt, oder die Couch zu schweben anfängt. Alle Möbel, von denen man bislang vermutet hat, dass sie genau da stehenbleiben, wo sie schon immer standen, können urplötzlich in Bewegung kommen und den Standort wechseln oder sogar durch den Raum schweben. Nichts in dem Haus wäre stabil, sondern zu jeder Zeit könnte sich irgendein Objekt von sich aus in Bewegung setzen. Das ist eine ziemlich beängstigende Vorstellung – es klingt förmlich wie aus einer Horrorstory. Solche Geschichten kann man in einem Buch lesen oder im

Fernsehen als Film anschauen. Aber die meisten Menschen wären wohl nicht gerne selbst Protagonisten in dieser Horrorstory. Das ist man aber, sobald man das Haus der Börse betritt. Und das spüren viele Menschen instinktiv, deshalb lassen sie lieber die Finger davon, und wenn man mich fragt, ist das auch richtig so. Man sollte nur Häuser betreten, in denen man die Regeln kennt. Und für die allermeisten Menschen ist es besser, dass sie nur in solche Häuser gehen, in denen Stühle, Tische, Betten und Kommoden an ihrem Platz verharren, es sei denn jemand kommt auf die Idee, sie selber durch Muskelkraft zu verschieben.

Wenn man schon verrückt genug ist, an die Börse zu gehen, dann sollte man sich mit den Spielregeln vertraut machen. Es ist ein bisschen wie in dem oben skizzierte Szenario. Man betritt eine Welt, in der sich die Objekte von selbst bewegen, und man hat keine Kontrolle darüber.

Worüber man sehr wohl Kontrolle hat, ist das Risiko, das man bereit ist einzugehen. Du kannst entscheiden, wie viel du einsetzen willst und wann du sagst „genug ist genug, hier steige ich mit kleinem Verlust aus und probiere später etwas anderes". Wenn der Trader zu akzeptieren beginnt, dass sich die „Objekte" im Börsen-Horror-Haus zu jedem Zeitpunkt in Bewegung setzen können oder auch zu bewegen aufhören, dann ist er eines Tages auch bereit zu akzeptieren, dass man selbst mit „zufälligen Entries" Geld verdienen kann. Ich kenne einen Trader, der dies auf Börsenmessen immer wieder eindrücklich demonstriert. Er bittet das Publikum ihm den Namen irgendwelcher Aktien zuzurufen. Die Leute rufen dann „Apple" oder „Tesla“ oder was ihnen in den Sinn kommt. Dann fragt der Trader: Soll ich Short gehen oder Long? Soll ich kaufen oder verkaufen? Darauf bekommt er vom Publikum ebenfalls eine klare Antwort. Und dann führt der Trader diese Trades am Markt live und mit einem echten Konto aus. Und er verdient fast immer Geld.

Wie ist das möglich?

Er kann das, weil er eines Tages verstanden hat, dass er keinen Einfluss über die „Flugbahn“ der Börsenobjekte hat. Sie können vorwärts oder rückwärts zu laufen beginnen. Auch darauf hat er keinen Einfluss. Und wann sich die Objekte bewegen und wann sie wieder zum Stillstand kommen, auch das befindet sich außerhalb seiner Kontrolle. Über all diese Dinge hat er keinerlei Einfluss. Er kann nur bestimmen, wann er einsteigt und auf welches dieser „herumfliegenden Objekte“ er Geld setzt und nicht, und wann er wieder aussteigt. Er kann nur seine „Wetten“ managen. Tut er dies gut, verdient er Geld. Das ist der Grund, weswegen es im Grunde genommen egal ist, was man tradet und ob man Short oder Long geht.

Viele Trader tun sich anfangs schwer damit, diese einfache Wahrheit zu akzeptieren. Sie sind in dem Glauben, das sie über das „Was“ Kontrolle haben. Deswegen sind diese Trader Schatzsucher. Sie glauben, über eine alte Karte zu verfügen, auf der der genaue Ort zu finden ist, wo sich der Schatz befindet, und dass nur *sie* diesen Ort kennen.

Es reicht, eine möglichst einfache Strategie zu suchen und sie dann konsequent zu traden. Aber man sollte sich mit Risikomanagement beschäftigen. Wenn man eine gute Abwehr hat – wir kennen das aus dem Fußball –, dann verfügt man über eine Organisation, die sich hin und wieder auch Chancen (Torchancen) erarbeiten kann. Die Gewinne kommen irgendwann von allein. Aber zuerst muss man seine Abwehr organisieren. Der Trader sollte erst lernen, die Verluste radikal zu begrenzen. Ist er dazu in der Lage, ist er auf dem Weg, ein guter Trader – ein erwachsener Trader – zu werden. Er ist dann ein Trader, der die volle Verantwortung für Gewinn und Verlust übernimmt. Ein solcher Trader wird dann auch irgendwann ein profitabler Trader werden.

4. Was ist finanzielle Freiheit?

Man ist finanziell frei, wenn man genug Geld hat, um nicht mehr arbeiten zu müssen. Das ist womöglich die Laien-Definition von finanzieller Freiheit. In unserer Gesellschaft braucht man zweifellos Geld, aber was bedeutet „genug Geld?" Eine Million Euro? Zehn Millionen?

Eine Million könnte für manche vielleicht ausreichen, aber es wird schwierig, wenn dies die Summe ist, mit der man bis in den Lebensabend seinen kompletten Lebensunterhalt bestreiten muss. Niemand kann vorhersehen, wie stark die Geldentwertung zuschlagen wird, und das Leben ist lang. Wenn man noch relativ jung ist und aus irgendeinem Grund zu einer Million kommt (Erbschaft, Spekulieren, Lotto, glückliches Geschäft) würde ich trotzdem empfehlen, weiterzuarbeiten und die Million klug zu investieren. Dann könnte es durchaus eines Tages klappen mit der finanziellen Freiheit.

Dies sind nur einige generelle Überlegungen zu dem Thema, aber sie sind mir zu ungenau und auch nicht praktikabel. Ich bevorzuge die Definition, die ich vom amerikanischen Autor Robert Kiyosaki übernommen habe, weil sie eine konkrete Zahl nennt und man damit arbeiten kann. Kiyosaki sagt, dass man erst dann finanziell frei ist, wenn der Cashflow aus den eigenen Vermögenswerten die Summe der Ausgaben dauerhaft übersteigt.

Mit anderen Worten, finanzielle Freiheit ist erreicht, wenn du monatlich oder jährlich mehr Geld aus deinen

Investments beziehst, als du ausgibst – und zwar dauerhaft. Diese Definition unterscheidet sich von der Idee, dass man eine bestimmte Summe auf dem Bankkonto braucht. Bekanntlich schreitet die Geldentwertung schnell voran. Zehntausend Euro vor zehn Jahren ist in Kaufkraft gemessen nicht mehr die gleiche Summe wie heute – und um Kaufkraft geht es letztlich. Ich unterscheide den Begriff „finanziell frei" auch von „vermögend." Ich kenne Menschen, die mit tausend Euro im Monat auskommen. Ich würde sie aber nicht vermögend nennen.

Laut Kiyosaki geht es darum, Vermögenswerte zu schaffen (oder zu kaufen) und das Geld für sich arbeiten zu lassen, anstatt für Geld zu arbeiten, wie es die meisten Menschen tun. Übersteigt die Summe des Cashflows aus diesen Vermögenswerten deine monatlichen Ausgaben, bist du technisch gesprochen finanziell frei. Im Prinzip kann dies also eine kleine Summe sein, wenn man bescheidene Bedürfnisse hat. Nicht wenige, die es dauerhaft nach Thailand verschlagen hat, gehören zum Beispiel in diese Kategorie. Auch in manchen osteuropäischen Ländern kann man heute noch mit kleinem Geld gut leben. Es ist alles eine Frage der Perspektive, und bekanntlich gibt es genug Reiche mit Millionenvermögen, die sich miserabel fühlen, weil sie nicht zu den Superreichen gehören (ab einem Vermögen von 100 Millionen Euro).

Ich möchte ausdrücklich betonen, dass ich die kleine Gruppe, die von ihren Trading-Geschäften leben kann, nicht zu den finanziell Freien zähle. Wer tradet, arbeitet, es sei denn, man verwaltet ein Aktienportfolio, was etwas anderes ist als

Traden. Wenn zum Beispiel die monatlichen Dividenden aus Aktien die monatlichen Ausgaben übersteigen, ist man finanziell frei. Trading ist dann optional.

Es gibt weitere Definitionen von finanzieller Freiheit, und manche würden das Thema umfassender betrachten wollen, bevor sie sich tatsächlich finanziell frei fühlen. Ich selbst fühle mich finanziell frei, wenn der Geldfluss aus meinen Investments meine monatlichen Ausgaben übersteigt – und das nicht nur gelegentlich, sondern jeden Monat. Somit stimmt meine persönliche Definition mit der von Robert Kiyosaki überein. Im Übrigen habe ich dank seiner Bücher gelernt, wie man den Weg zur finanziellen Freiheit besonders klug anstellt. Nun gibt es im Begriff „finanzielle Freiheit" zwei Komponenten: finanziell und Freiheit. Leider liegt die Betonung bei diesen Überlegungen oft bei dem Begriff finanziell. Die Komponente Freiheit wird meines Erachtens meist nicht genug betrachtet. Nicht wenige denken: „Ich werde frei sein, wenn ich genug Geld habe oder wenn ich einen solchen Cashflow oder erfolgreiche Investments habe, dass ich nicht mehr arbeiten muss." Wenn meine Finanzen so gut sind, dass ich nicht mehr arbeiten muss, dann werde ich endlich „frei" sein. Aber das ist ein Trugschluss. Bevor man diesen Zustand erreicht, muss man zunächst den ersten Schritt machen, den viele nicht sehen wollen. Bevor die finanzielle Freiheit eintritt, muss zuerst die Freiheit kommen. Es ist also umgekehrt: Du brauchst nicht erst das Geld, und dann wirst du dich frei fühlen, sondern du musst dich zuerst frei fühlen, frei handeln und frei sein, und dann kommt irgendwann das Geld.

Das mag überraschen, doch ich bin fest davon überzeugt, dass das die absolute Wahrheit ist. Geld oder Vermögen ist der Nebeneffekt einer inneren Einstellung, die man zuerst erreichen, vielleicht auch erarbeiten muss. Man muss eine gewisse Freiheit gegenüber den Herausforderungen des Lebens erreichen.

Um das zu veranschaulichen, möchte ich von meiner eigenen Erfahrung berichten und wie ich dorthin gelangt bin. Irgendwann habe ich erkannt, dass ich durch meine frühere Tätigkeit (ich war Musiklehrer an einer Musikschule) nicht wirklich frei war. Jeden Tag ging ich zu meinen Schülern, gab Unterricht und fuhr abends wieder nach Hause. Es war eine schöne Tätigkeit. Ich hatte ein Auto, eine Wohnung – es hat gereicht. Ich habe in diesem Beruf etwa siebzehn Jahre gearbeitet. Diese Arbeit hatte auch viele Vorteile. Weil ich Schulkinder unterrichtete, hatte ich genauso wie sie Ferien. Das bedeutete, dass ich drei Monate im Jahr bezahlten Urlaub hatte.

So etwas gibt es fast nur in solchen Berufen. Zusätzlich hatte ich auch noch die Vormittage frei, weil die Schüler vormittags in der Schule waren. Man könnte von daher sagen, dass ich bereits ein ziemlich freies Leben geführt habe. Ich konnte an den Vormittagen tun, was ich wollte, und darüber hinaus musste ich an den Wochenenden und drei Monate im Jahr nicht arbeiten. Es war zu schön! Als ich diesen Beruf aufgab und mich von meinen letzten Schülern verabschiedet hatte, sagten nicht wenige zu mir: „Bist du verrückt? Wie kannst du so eine Tätigkeit aufgeben?"

Nun, diese „Tätigkeit" war angemessen bezahlt. Sie war ziemlich sicher und obendrein signalisierten mir meine Schüler, dass ich ein guter Lehrer sei. Meine Arbeit war nicht besonders anstrengend. Dank meiner Erfahrung konnte ich diesen Unterricht ohne viel Aufwand abhalten. Aber trotz all dieser Vorteile fühlte ich mich nicht frei. Ich hatte zwar viele Freiheiten und viel Freizeit, aber ich fühlte mich nicht wirklich frei. Ich hatte das Gefühl, in einem Korsett gefangen zu sein. Ich musste mich zum Beispiel einem festgelegten Zeitplan fügen. Ich hatte zwar diese drei Monate Ferien, aber während der Schulzeit musste ich jeden Tag in die Musikschule gehen und diesen Unterricht abhalten. Man macht als Lehrer im Grunde genommen immer dasselbe, jahrein, jahraus, und wenn man nicht aufpasst, entwickelt man sich kaum weiter. Es ist ein goldener Käfig. Ehrlich gesagt, fing ich irgendwann an, es zu hassen. Deshalb habe ich die Sache auch beendet.

Natürlich habe ich nach Möglichkeiten gesucht, Geld auf andere Weise zu verdienen. Im Jahr 2001 begann ich mit dem Handel an der Börse. In meiner Vorstellung war die Börse das Reich der Freiheit. Wer es hier schafft, der hat sich von allen gesellschaftlichen Zwängen freigekauft. Du kannst traden, wann immer du willst. Wenn du keine Lust hast, zwingt dich niemand dazu. Dank des überall verfügbaren Internets kannst du auch ins Ausland gehen, beispielsweise für einen Monat nach Griechenland oder Spanien, oder wo auch immer, und von dort aus traden. Du kannst sogar von einem Coffee Shop aus arbeiten, was ich regelmäßig tat. Diese Freiheit war mein Ziel: Die Freiheit, selbst bestimmen zu können, wann und wie viel ich arbeite und vor allem wie viel ich verdiene. Denn meine Lehrertätigkeit war zwar „sicher", ich konnte aber nur mehr verdienen, wenn ich auch mehr arbeitete. In meinem Fall würde dies bedeuten, mehr Stunden zu unterrichten. Wer ein guter Trader ist, kann in kurzer Zeit viel mehr verdienen als in einem herkömmlichen Beruf. Trading ist eine skalierbare Tätigkeit. Das ist ein Lehrerberuf nicht, denn die Anzahl der Stunden, die du unterrichten kannst, sind begrenzt. Ich hatte eine Kollegin, die doppelt so viele Schüler hatte wie ich. Somit verdiente sie auch doppelt so viel (und zahlte eine Menge mehr Steuern als ich). Ihre Arbeitswoche fing Montagmorgen an (sie hatte auch erwachsene Schüler) und hörte erst Samstagabend spät auf. Ich bewunderte sie zwar für diese Leistung, dennoch war dieser Kraftakt nicht meine Vorstellung von Erfolg. Mehr zu arbeiten schien mir nicht die Lösung. Deshalb habe ich mir gesagt: Du brauchst etwas, das skalierbar ist, also etwas, das sich unabhängig von deiner Zeit und deiner Arbeit vermehren kann. Da lag es nahe, es mit der Börse zu versuchen.

Leider ging es bei mir nicht so schnell, wie ich es erhoffte. Es dauerte schließlich sieben Jahre, bis ich als Trader einigermaßen profitabel wurde. Meine Trading-Ergebnisse waren nicht schlecht, aber ich verdiente damals noch nicht genug, um meinen Job aufgeben zu können. Allerdings erzielte ich 2007 während der Finanzkrise tatsächlich einen großen Gewinn, nicht durch Scalping, sondern durch einen einzelnen großen Trade. Mit diesem Geld hängte ich meinen Job als Lehrer an den Nagel und zog mit meinen Koffern nach Berlin. Ich sagte mir: „Ab jetzt führe ich ein freies Leben!"

Rückblickend war es ein unglaubliches Wagnis, das ich da einging – man könnte es schon fast unverantwortlich nennen. Ich tat es, weil der Drang zur Freiheit in mir so stark war, dass ich keine andere Wahl hatte. Zu dieser Zeit war ich noch lange nicht finanziell frei, und meine Börsengeschäfte liefen noch nicht so gut wie heute, um meinen Lehrerberuf tatsächlich aufgeben zu können. Aber ich tat es trotzdem. Ich wählte die Freiheit, lange bevor ich finanziell frei war, genauso wie ich es anfangs definierte. Die finanzielle Freiheit kam dann später dazu. Irgendwann kam der Zeitpunkt, an dem meine Investitionen genug Geld abwarfen, um sagen zu können: „Okay, finanziell gesehen habe ich mein Ziel erreicht. Ich habe schwierige Zeiten durchgemacht, aber ich habe durchgehalten, und es hat funktioniert.

Das Allerwichtigste für mich war, dass ich mein eigener Herr war. Psychologen sagen, dass Menschen nach ihren wichtigsten Werten handeln. Wenn es so etwas gibt wie eine Werteskala, dann steht bei mir das Wörtchen „Freiheit" bestimmt ganz oben. Bei vielen Menschen steht da eben das Wörtchen „Sicherheit." Sie möchten Sicherheit und sind bereit, alles dafür aufzugeben. Ich kenne viele solche Menschen. Das sind zum Beispiel diejenigen, die in ihrem Lehrerberuf bleiben würden, auch wenn sie insgeheim von etwas anderem träumen. Vielleicht verfügen sie sogar über Fähigkeiten, die sie zur finanziellen Freiheit führen könnten, aber sie haben trotzdem nicht den Mut, mit ihren Gaben etwas anzufangen. Sie betrachten ihren Job als sicher und würden sich einen Teufel tun, ihn aufzugeben, egal was passiert. Nun, für diese Menschen ist das dann auch richtig. Ich kritisiere das nicht. Ich stelle es nur fest. Für sie ist Sicherheit der höchste Wert auf ihrer Werteskala. Ohne Sicherheit können sie nicht leben. Für mich ist das die Freiheit, und somit könnte ich von mir selbst sagen: Ohne Freiheit kann ich nicht leben. Deswegen habe ich mich auch für die Freiheit entschieden und über Jahre hinweg zunächst als freier Mensch gelebt, obwohl ich längst nicht finanziell frei war. Ich habe mich gleichsam wie der Baron von Münchhausen am eigenen Zopf aus dem Morast gezogen. Nach mehreren Jahren, in denen ich erst Freiheit „leben" musste, kam auch die finanzielle Freiheit hinzu. Ich musste es mir quasi selbst beweisen oder vorspielen, bevor sie tatsächlich Realität wurde.

Ich glaube, dass das ein wichtiger Grundsatz ist, wenn man sich für diesen Weg entscheidet. Man muss zuerst den Schritt in die Freiheit tun, bevor man die finanzielle Freiheit erreichen kann – nicht umgekehrt. Es mag seltsam klingen, aber man muss sozusagen dem Universum erst beweisen, dass es einem ernst ist. Irgendwann werden die Götter es glauben, und dann kommt auch irgendwann das Geld. Das Geld folgt. Erst kommt die Freiheit und dann die finanzielle Freiheit.

Manche werden vielleicht jetzt einwenden: Um Gottes willen, was sagt er da? Für mich ist es genau umgekehrt. Ich will in meinem Leben erst alles absichern. Ich möchte schauen, dass ich mindestens zwei Eigentumswohnungen habe und eine Lebensversicherung, und dann ein „schönes Wertpapierdepot" und eine ordentliche Summe Cash, bevor ich überhaupt daran denke, meinen Job aufzugeben. So denken nicht wenige. Ich werte das nicht. Ich sage nur, dass es für mich so nicht funktioniert hat. Vielleicht ist es sogar weiser, erst alles abzusichern, bevor man den Sprung in die Freiheit wagt. Aber in meinen Augen ist das ein sehr langer Weg, weil die meisten Menschen einfach nicht genug verdienen, um Kapital anzusammeln, um ernsthafte Investitionen zu tätigen. Diejenigen, die bezüglich Altersvorsorge Rat erteilen, werden womöglich sagen, dass du monatlich hundert oder zweihundert Euro auf ein Investmentkonto überweisen musst. Wenn du es nur beharrlich und lange genug machst, wird irgendwann der Zinseszinseffekt eintreten und eines Tages wirst du feststellen, dass du ein Vermögen aufgebaut hast.

Ich kritisiere das nicht. Wenn man es kann, sollte man das auf jeden Fall tun. Die Erfahrung zeigt jedoch, dass nur die allerwenigsten Menschen es tatsächlich tun. Nur sehr wenige Menschen haben diese Disziplin.

Aber der wichtigste Einwand gegen diesen Weg ist, dass es viel zu lange dauert, bis man auf dieser Weise finanziell frei wird, zumindest in dem Sinne, wie ich es anfangs formuliert habe. Man kann das mit einem Investmentrechner nachrechnen. Vermutlich werden vierzig Jahre Anzahlungsphase nicht reichen, um dieses Ziel zu erreichen. Und ich möchte mal denjenigen sehen, der die Disziplin hat, tatsächlich vierzig Jahre lang jeden Monat so zu investieren.

Es ist ein Wunschtraum, um nicht zu sagen eine Illusion. So funktioniert es nicht. Wenn du nicht den Mut hast, Risiken einzugehen, wie soll das Universum dich dann ernst nehmen? Wenn du immer auf der sicheren Seite bleibst und zufrieden bist mit deinem Job und deinem Verdienst, wirst du die wahre finanzielle Freiheit vermutlich nie erreichen.

Es gibt vielleicht Ausnahmen. Es gibt Berufe, in denen man sehr gut verdient, ich denke da an Ingenieure, Zahnärzte, Notare und so weiter. Wenn diese Leute diszipliniert sind und über Jahre hinweg tatsächlich monatlich viertausend oder meinetwegen zehntausend Euro in Wertpapieren oder Immobilien investieren, dann schaffen sie es womöglich. Aber ich weiß, dass die meisten dieser Menschen das eben nicht tun. Im Gegenteil. Wenn sie Geld bekommen, geben sie es in der Regel für ein schönes Haus oder ein schönes Auto aus. Dann kommen die obligatorischen Skiurlaube und Golfclubmitgliedschaften dazu. Und in der Regel wird man sehen, dass diese Leute es bevorzugen, bis ins Rentenalter und sogar darüber hinaus zu arbeiten. Es macht eben süchtig, wenn man jeden Monat zwölftausend Euro auf das Konto bekommt. Aber das hat nichts mit Freiheit zu tun. Freiheit ist eine innere Einstellung. Sie bedeutet, dass man unabhängig ist. Man ist erst dann frei, wenn man vollständig über seine Zeit verfügt. Wenn du täglich in deine Praxis gehen musst, um zu „bohren", wie es bei den Zahnärzten der Fall ist, dann bist du nicht frei, egal ob du damit zehntausend oder gar zwanzigtausend Euro im Monat verdienst.

Unabhängig zu sein bedeutet, keinen Herrn mehr über sich zu haben. Niemand bestimmt mehr über deinen Tagesablauf, deinen Wochenablauf oder deinen Monatskalender und sagt: „Hier und da musst du arbeiten." Niemand. Besser, du hast gar keinen Kalender mehr, weil du keinen brauchst. Du kannst sagen: Ich bestimme wann ich arbeite, und sonst niemand. Das ist der Unterschied. Wenn du das aus voller Überzeugung sagen kannst, dann liegt darin eine Kraft. Und genau diese Kraft brauchst du. Diese Energie brauchst du, um zur finanziellen Freiheit zu gelangen. Wenn du diese Kraft nicht hast, wird es sehr schwer werden, dieses Ziel zu erreichen.

5. Ich gehe nicht in Rente

Heute ist Freitag, der 27. Mai. Seit über zwei Wochen bin ich in Portugal. Zuerst war ich eine Woche in Porto und dann eine gute Woche an der Atlantikküste. Und nun bin ich in Lissabon angekommen. Es ist die letzte Etappe meiner Reise. Ich befinde mich in Ajuda, einem Stadtteil, der etwas abseits der bekannten Viertel Chiado, Barrio Alto und Alfama liegt. Hier fühle ich mich wohl. Es ist etwas ruhiger, etwas einfacher, und es gibt nette kleine Cafés und Restaurants.

Ich kann es mir leisten, im Mai „in den Urlaub" zu fahren. Als Trader habe ich diese Freiheit. Nun stellt sich vielleicht die Frage: Tradest du im Urlaub? Die Antwort lautet: Es kommt darauf an. Natürlich werfe ich täglich einen Blick auf die Börse, und ich habe langfristige Positionen in meinem Aktiendepot, aber aktives Traden betreibe ich während des Urlaubs nur dann, wenn ich gutes Internet habe. Wenn nicht, lasse ich es bleiben.

In den letzten Tagen gingen mir Gedanken zu Freizeit und Ruhestand durch den Kopf. Gemeinhin wird der Ruhestand als eine Zeit angesehen, in der man die Früchte seiner Arbeit genießen kann. Für viele scheint das ein erstrebenswertes Ziel zu sein. Der Ruhestand ist eine Zeit, in der man nicht mehr arbeiten muss. Man kann sich treiben lassen oder den Winter in der Sonne verbringen.

Ich hinterfrage jedoch, ob dieser „Ruhestand" wirklich so erstrebenswert ist. Er ist überdies eine vergleichsweise neuere Erfindung. Die gesetzliche Rentenversicherung wurde in Deutschland erst 1891 durch Otto von Bismarck eingeführt. In Österreich geschah das 1906. Die AHV in der Schweiz wurde sogar erst 1948 geschaffen! Davor arbeitete man lebenslang. Auf dem Land garantierten die Naturalversorgung und die Zugehörigkeit zu einer Familie das Überleben. Stadtbewohner und diejenigen, die etwas Vermögen hatten, sicherten sich ab mit Wertpapieren oder Immobilien. Die Idee einer staatlichen oder „gesetzlichen" Rente ist also recht neu. Die Autonomie hat der Abhängigkeit Platz gemacht. Die überwiegende Mehrheit der Bevölkerung ist heute im Alter von staatlichen Transfereinkommen abhängig. Damit hat sie im Grunde genommen den gleichen Status wie die arbeitsunfähigen Armen vor 1891. Davor ging niemand in den Ruhestand, niemand war Rentner. Die Menschen lebten meist auf dem Land und arbeiteten, bis sie nicht mehr konnten. Ob das ein schönes Leben war oder nicht, weiß ich nicht. Es ist immer eine Frage der Perspektive.

Ich bin jetzt seit zwei Wochen unterwegs. Nächste Woche fliege ich zurück, und ehrlich gesagt, dieser „Urlaub", in dem ich hauptsächlich Tourist war, reicht mir bereits. Am liebsten würde ich wieder arbeiten. Ich würde am liebsten wieder traden, wieder aktiv sein. Nichtstun und nur Tourist sein ist anstrengend, und irgendwann fängt es an, langweilig zu werden. Es scheint für manche erstrebenswert zu sein, ständig zu reisen und „andere Länder" zu sehen, vor allem für diejenige, die es sich nicht leisten können. Irgendwann habe ich festgestellt, dass es im Grunde egal ist, wo man gerade ist. Die Bedingungen ähneln sich immer mehr und man findet überall die gleichen Geschäfte und Hotelketten. Schließlich ist das Internet der große Gleichmacher, für Trader sowieso. Es ist völlig egal, ob du dich in Argentinien, in Thailand oder irgendwo in Bulgarien aufhältst. Die Märkte sind immer verfügbar, das einzige, was sich ändert ist die Uhrzeit vor Ort. Man hält sich als Dauerreisender überall auf der Welt in einer großen Komfortzone auf. Richtig Reisende gibt es sowieso nur noch wenige.

Eine gute Bekannte von mir heißt Rita. Sie ist bereits über siebzig und reist immer allein. Neulich war sie ein Monat in Äthiopien unterwegs, eine der schönsten Länder, die sie je gesehen hat, erzählte sie mir. Ihre „abenteuerlichste" Reise als Frau allein war ein mehrmonatiger Aufenthalt in dem Jemen, einem Staat, den es heute durch andauernden Bürgerkrieg so nicht mehr gibt. Das Auswärtige Amt rät sowieso von Reisen in den Jemen ab. Zum einen gibt es ein „erhebliches Risiko terroristischer Anschläge" und ein „ständiges hohes Entführungsrisiko." Als Rita dort war, konnte sie noch reisen. Sie musste natürlich ein Kopftuch tragen, und sie hat – so erzählte sie mir – irgendwann angefangen, wie die jemenitischen Frauen zu leben. Sie hat sich den Lebensgewohnheiten dieser Menschen so weit wie irgendwie möglich angepasst, Nahrung inklusive. Sie hat sogar über ihre Reise in dem Jemen ein Buch geschrieben. Mit Tourismus hat das natürlich nichts mehr zu tun. Das ist eine Erfahrung, die ihr gehört.

Wer wie Rita reisen will, wird wohl immer noch Länder finden, die wie der Jemen nicht zu der großen

„Komfortzone" gehören, aber es werden immer weniger. Sogar vor den Berggipfeln des Himalayas macht der Tourismus keinen Halt. Man kann sich daher getrost die Frage stellen, wo es heute in Zeitalter von Google Maps noch etwas „zu entdecken" gibt, wenn man nicht gerade in ein von Bürgerkrieg geplagtes Land wie den Jemen reisen will.

Dauerreisender zu sein, ist von daher nicht mein Wunsch, obwohl ich es könnte.

Und damit kommen wir zum Thema Glück. Was macht dich wirklich glücklich? Macht es dich wirklich glücklich, im Ruhestand zu sein, Rentner zu sein, nichts mehr tun zu müssen, nicht mehr arbeiten zu müssen?

Ich komme wieder auf diese Erfindung von vor etwa hundert Jahren zu sprechen. Diese Regelung des Ruhestands war eine Folge des sogenannten Industriezeitalters. Viele Menschen mussten in Fabriken schuften, und natürlich waren sie froh, ab einem bestimmten Alter nicht mehr in die Fabrik gehen zu müssen. Das war die Idee von Bismarck, der damit die Arbeiterbewegung in Schach halten wollte. Doch heute ist nur noch eine Minderheit Fabrikarbeiter. Deswegen glaube ich, dass die Idee des Ruhestands völlig neu betrachtet werden muss. Die Vorstellung, dass wir uns danach sehnen, nicht mehr arbeiten zu müssen, ist meiner Meinung nach ein Trugschluss, um nicht zu sagen, eine Lüge. Die meisten Menschen werden nicht glücklicher, wenn sie nicht mehr arbeiten müssen oder nichts mehr tun müssen. Ganz im Gegenteil! Meiner Erfahrung nach hat Glück gerade damit zu tun, dass man sich Ziele setzt, sich Projekten widmet und diese schrittweise umsetzt. An etwas zu arbeiten, macht glücklich, Ziele zu haben macht glücklich, nicht das Nichtstun.

Im Übrigen sind die meisten Menschen gar nicht gut darin, nichts zu tun. Es ist sehr schwierig. Versuche mal, nichts zu tun. Ab und zu meditiere ich, und das tut mir gut. Ich versuche zwanzig oder dreißig Minuten an nichts zu denken und in Ruhe zu verweilen. Das ist eine schöne Sache, aber ich könnte das nicht den ganzen Tag lang machen. Es ist ein Irrglaube, dass diejenigen, die entweder im Ruhestand sind oder finanzielle Unabhängigkeit erreicht haben, glücklich sind, weil sie nicht mehr arbeiten müssen! Im Gegenteil, nicht wenige, die finanzielle Unabhängigkeit erreicht haben, arbeiten weiter! Entweder sie widmen sich ihren Investitionen oder sie denken sich neue Projekte aus, an denen sie mit Freude arbeiten. Nicht wenige gründen neue Unternehmen und fangen nochmal ganz von vorne an. Kreativen Menschen fallen immer wieder neue Dinge ein. Das ist die Realität, und das hält sie jung. Finanzielle Freiheit zu erreichen, bedeutet nicht zwangsläufig, dass man nicht mehr arbeiten soll. Man muss es vielleicht nicht mehr, aber viele, die ich kenne und die dieses Ziel erreicht haben, arbeiten weiter, traden weiter, gründen weiter, machen einfach weiter!

Ein Freund von mir ist dreiundsechzig. Er ist vermögend und hat mehrere Millionen, die sowohl in Immobilien als in Fonds und Aktien investiert sind. Ich gehe ihn regelmäßig besuchen, wir gehen spazieren und führen dann stundenlange Gespräche mit einem guten Glas Wein. Im Winter zündet er den Holzofen an. Im Übrigen stammt das Holz für den

Ofen aus seinem eigenen Garten. Er hat drei Hektare Obstbäume, die er fast wie seine eigenen Kinder betrachtet. Am glücklichsten ist er, wenn er in seinem Obstgarten arbeiten kann, sagt er. Es gibt auch genug zu tun. Im Frühjahr müssen die Bäume geschnitten werden und manchmal stirbt ein Baum. Das Holz landet dann eben irgendwann in den Ofen. Er kauft auch regelmäßig neue Bäume. Neuerdings hat er zehn neue Kirschbäume gepflanzt. Und im Herbst steht dann natürlich die Ernte an. Allein damit ist er wochenlang beschäftigt, denn er findet kaum Leute, die ihm helfen wollen. Die Arbeit ist schwer, und wer hat heutzutage Lust, auf eine Leiter zu klettern um in der Höhe von fünf oder sechs Metern Äpfel und Birnen zu pflücken? Er macht das jedes Jahr, und diese Arbeit mit den Jahreszeiten und der Natur bedeutet für ihn das größte Glück. Wenn ich ihn besuchen gehe, läuft er auch meist in irgendeiner Arbeitskleidung und Stiefeln herum. Er hat Schafe und Hühner und natürlich einen ordentlichen Gemüsegarten. Erst wenn die Walnüsse geerntet sind, so gegen Ende Oktober, ist er fertig. Er ist bodenständig und ehrlich, gleichzeitig hat er Freude daran, mit mir über die Börse zu reden, weil er sonst keinen hat, mit dem es möglich ist. Obwohl er Millionen hat, merkt man davon gar nichts. Keine teuren Uhren oder schicke Autos. Er könnte sich das natürlich alles leisten, aber das interessiert ihn nicht. Lieber geht er wandern mit seiner Frau. Neuerdings war er eine Woche irgendwo in Thüringen unterwegs und erzählte mir voller Freude über die zarten Herbstfarben und die gute Luft. Übernachtet haben sie natürlich auf einem Bauernhof. Aber das sind nur kurze Urlaube. Er hat schon wieder ein neues

Unternehmen gegründet, über das er sogar mir gegenüber außergewöhnlich wortkarg bleibt, obwohl wir seit 40 Jahren befreundet sind.

Wie man sieht, machen diejenigen „die es geschafft haben" einfach weiter.

Und diejenigen, die es nicht tun, die sogenannten Rentner, die in den Ruhestand gegangen sind und nichts mehr tun, langweilen sich meist. Nicht wenige langweilen sich irgendwann zu Tode. Sie sterben nicht, weil sie müde sind von der Arbeit und vom Leben, sondern weil sie sich langweilen! Aus meiner Sicht ist es also gar nicht erstrebenswert, in den Ruhestand zu gehen. Der Gedanke, dass man genug Geld durch Trading oder kluge Investitionen angesammelt hat und von seinem Kapital leben kann, ist schön. Aber für die meisten Menschen ist er entweder unerreichbar oder vielleicht auch gar nicht erstrebenswert. Man empfindet doch erst dann wirklich Genugtuung, wenn man für etwas, das man geleistet hat auch eine Würdigung bekommt, sei es in Form irgendeiner Anerkennung oder einer Bezahlung. Ich könnte, wenn ich wollte, in Rente gehen, aber will ich das überhaupt? Will ich eines Tages sagen: „Ich höre einfach auf und tue nichts mehr"? Und dann bin ich nur noch vom 1. Januar bis zum 31. Dezember in Portugal und schaue auf den Ozean? So wird es nicht sein. Ich bin mir ganz sicher, dass ich auch mit fünfundsechzig oder siebzig Jahren, solange ich noch ein bisschen bei Verstand bin, immer noch an irgendetwas arbeiten werde. Genauso ist es für Rita. Sie könnte es sich als Rentnerin irgendwo auf den Kanarischen Inseln oder in Griechenland in einem Hotel bequem machen und abends ihren Aperol Spritz trinken. Aber das interessiert sie nicht. Rita braucht eine richtige Herausforderung, auch als Reisende. Wenn es irgendwo ein zweites Jemen gäbe, würde sie hingehen. Die ganze Idee des „sorgenlosen Ruhestands" ist in meinen Augen eine Schnapsidee. Niemand will nur noch sorgenlos sein. Ganz im Gegenteil, die meisten Menschen brauchen irgendeine Herausforderung. Vielleicht werde ich immer noch traden, wenn ich alt bin, wer weiß? Wenn ich kann, werde ich immer noch aktiv sein. Vielleicht nicht mehr so viel wie heute, aber ich werde Lust haben, etwas zu tun, Lust haben, ein Projekt zu haben, an dem ich arbeite. Das ist es, was mir Befriedigung gibt. Das macht glücklich, nicht das Nichtstun!

6. Traden von unterwegs – geht das?

Ist es möglich, ein Trader-Leben zu führen, wenn man viel unterwegs oder auf Reisen ist? Nun, ich kann aus eigener Erfahrung sprechen, denn ich habe in den letzten Jahren viele Reisen unternommen. Ich war viele Monate lang in verschiedenen Ländern unterwegs und habe trotzdem getradet. Also ist es durchaus möglich? Die einfache Antwort ist: Ja!

Zum Beispiel befinde ich mich momentan in Süditalien. Wir sind durch den Gotthard-Tunnel über Mailand zur ligurischen Küste gefahren. Unser Ziel war Cinque Terre. Das sind einige Dörfchen, die an einem steilen Hang an der ligurischen Küste liegen. Wir waren in Corniglia, Manarola und Riomaggiore. Diese Orte sind wirklich traumhaft schön. Ich kann es jedem empfehlen, sich zumindest einen Tag dafür Zeit zu nehmen und sich die Farbenpracht der Häuser im Zusammenspiel mit dem blauen Wasser des Mittelmeers anzuschauen. Man muss allerdings sagen, dass Cinque Terre sehr touristisch ist. Wir waren gezwungen, den Zug nehmen, obwohl wir eigentlich mit dem Boot dorthin fahren wollten. Aber das war wegen des hohen Wellengangs nicht möglich, also mussten wir auf den Zug umsteigen, der komplett überfüllt war. Auch in den Dörfern selbst waren große Touristenmassen unterwegs. Wer das gesehen hat, bekommt in der Tat immer weniger Lust, solche Orte zu besuchen, obwohl sie sehenswert sind. In einigen italienischen Orten haben im Sommer 2023 die Bürgermeister sogar Zugangswege sperren lassen, damit niemand mehr hereinkommt. Soweit ist es durch den Massentourismus gekommen. Das Problem ist doch, dass immer mehr Menschen die immer gleichen Orte wie Venedig, Rom und Florenz besuchen wollen.

Damit bin ich wieder beim Thema des vorherigen Kapitels. Es gibt zu viele „Rentner" mit Zeit und Geld, denen nichts Besseres einfällt, als die immer gleichen Orte zu besuchen. Dagegen gibt es genügend Orte überall auf der Welt, die sehenswert sind und wo es kaum Touristen gibt. Wir waren zwei Tage in Sori, ebenfalls an der ligurischen Küste. Der Name sagt dem Leser vielleicht nichts. Außer einiger Kirchen und einem Stadtstrand hat der Ort aus touristischer Perspektive wenig zu bieten – scheinbar. Direkt am Meer befindet sich ein Sportbad, zudem die örtliche Wasserballmannschaft, die Rari Nantes Sori gehören. Sie spielt in der italienischen Serie A1. An dem Tag, als ich da war, habe ich mir einen halben Nachmittag das öffentliche Training der Frauenmannschaft angeschaut. Ich war fast der einzige, und sicher der einzige Tourist. Ich war verzaubert von der Schönheit dieser Sportart und natürlich von der Eleganz, mit der diese jungen Frauen mit dem Ball umgehen. Ganz ehrlich, ich habe mich an dem Nachmittag am Rande des Sportbads von Sori viel besser und glücklicher gefühlt als in den überlaufenen Dörfern von Cinque Terre, in denen man sich als Tourist die „obligatorische Schönheit" angeblich anschauen muss.

Dann sind wir weiter entlang der ligurischen Küste in Richtung Toskana gefahren und haben unter anderem die Stadt Pisa besucht. Wir haben uns natürlich den schiefen Turm von

Pisa angeschaut, aber auch das Baptisterium und den Dom. Außerdem verweilten wir länger im Camposanto, einer Art monumentalen Friedhof, dessen Fresken größer sind als die der Sixtinischen Kapelle in Rom. Als Börsianer hat mich natürlich besonders die Statue des Mathematikers Leonardo Fibonacci interessiert, die dort prominent in einer Ecke steht. Allerdings stammt die Statue von einem Künstler des neunzehnten Jahrhunderts. Niemand weiß, wie der Erfinder der berühmten Fibonacci-Reihe wirklich ausgesehen hat, der seine mathematischen Bücher Anfang des dreizehnten Jahrhunderts geschrieben hat.

Wenn ich unterwegs bin, versuche ich eine Kombination aus kurzen Tagesreisen und einem etwas längeren Aufenthalt von über einer Woche zu planen. Je mehr man reist und je mehr man täglich immer wieder die Koffer packen muss, desto schwieriger wird es natürlich mit dem Traden. Denn wenn man dann am späten Nachmittag in einem Hotel ankommt, stellt sich die Frage, ob man noch Lust hat, den Laptop aufzumachen und Trades durchzuführen. Man kann das schon machen, aber oft bin ich zu müde von der Reise und lass es lieber bleiben.

Deswegen ist es besser, wenn man es schafft, hin und wieder länger an einem Ort zu bleiben. Ich nenne das „Slow Travel“. Das kommt dem Traden natürlich zugute. Wir waren zum Beispiel eine Woche in einem kleinen Ort in der Toskana. Wir haben aber auch Tagesausflüge gemacht, zum Beispiel nach San Gimignano. Diese mittelalterliche Stadt ist bekannt für seine sogenannten Geschlechtertürme. Diese wurden nicht zu Verteidigungszwecken errichtet, sondern dienten der öffentlichen Darstellung von Reichtum der einflussreichsten Familien. Außerdem haben wir einen ganzen Tag in Siena verbracht. Ich hatte während dieser Reise den Wunsch, mich eben nicht mit der Renaissance zu beschäftigen, sonst wären wir natürlich nach Florenz gefahren, wo ich bereits mehrere Male war. Ich wollte tiefer in das italienische Mittelalter abtauchen, und das ist mir auch gelungen.

Bleibe ich eine Woche am selben Ort, komme ich natürlich eher zum Traden. Machen wir einen Ausflug, dann gibt es an dem Tag eben keine Börse.

Nach der Toskana ging es weiter in Richtung Süden, entlang der Westküste von Italien. Dort haben wir Tarquinia besucht. Das ist eine der ältesten Städte Italiens, die von den Etruskern gegründet wurde. Auch hier gibt es zahlreiche Geschlechtertürme, ähnlich wie in San Gimignano. Man entdeckt sie oft nur in irgendeiner vergessenen Gasse und bekommt somit das Gefühl, als wäre man der erste Tourist, der sie überhaupt zu Gesicht bekommt.

Danach sind wir weiter in den Süden gefahren, in die Provinz Kampanien, wo wir uns eine Wohnung in Paestum genommen hatten. Dort gibt es drei sehr gut erhaltene griechische Tempel. Es war bereits das zweite Mal, dass ich Paestum besuchte, aber es hat mich genauso beeindruckt wie beim ersten Mal. In Paestum sind wir etwa neun Tage geblieben, was natürlich dem Traden wieder zugutekam. Wenn man etwas länger an einem Ort ist, kommt man auch zur Ruhe.

Ich praktiziere dieses Prinzip seit Jahren. Es ist also durchaus möglich, sich als Trader für schöne Orte Zeit zu nehmen oder Spaziergänge am Meer zu machen, und gleichzeitig konzentriert zu traden. Im Übrigen waren wir am Strand in Paestum fast allein und hatten einen schönen Blick auf die Amalfi-Küste und die Insel Capri.

Der Massentourismus konzentriert sich wie gesagt meist auf einige bekannte Orte. Aus diesem Grund versuche ich mich dort so wenig wie möglich aufzuhalten und da Ruhe zu finden, wo möglich wenig Touristen hinkommen.

Anschließend haben wir noch Pompeji besucht, bevor wir wieder Richtung Norden gefahren, sind, diesmal der adriatischen Küste entlang, um schlussendlich in Ravenna anzukommen. Dort haben wir uns die frühchristlichen Taufkapellen und die Mausoleen mit ihren bezaubernden Mosaiken angeschaut. Das war es dann schon mit dem „Pflichtprogramm." An den meisten anderen Tagen haben wir vor allem Strandspaziergänge gemacht und waren oft allein.

Wie man sehen kann, hatten wir ein reich gefülltes Reiseprogramm und trotzdem habe ich traden können. Gewiss, man verpasst ab und zu einen Trading-Tag, aber es ist dem Traden keineswegs abträglich, wenn man mal etwas Anderes sieht, eine Kultur kennenlernt oder einfach einen schönen Spaziergang am Meer macht. Das bringt dich in ein schönes Gleichgewicht, und das ist genau das, was ich empfehle. Ich empfehle, nicht verbissen zu sein und jeden Tag traden zu wollen, sondern ein Gleichgewicht zwischen Arbeit und Freizeit zu finden.

Das ist mir zum Beispiel auch in Las Palmas, der Hauptstadt von Gran Canaria gelungen. Ich war zwei Monate dort, im Januar und Februar, weil ich vor der Kälte des europäischen Winters fliehen wollte. Wenn man länger an einem Ort ist, kann man natürlich sehr gut arbeiten. Las Palmas ist zwar ziemlich groß, aber ich habe mir in meinem Stadtviertel „Las Canteras" trotzdem wohl gefühlt. Danach verbrachte ich weitere zehn Tage im Süden der Insel, in Playa del Ingles. Dort habe ich auch ein bisschen Strandurlaub gemacht. Es war wirklich schön, bei für Februar angenehmen 25 Grad.

Nun stellt sich vielleicht die Frage: Wenn du tradest, wie sieht es mit dem Internet aus? Natürlich braucht man eine gute Internetverbindung, um traden zu können. Heutzutage gibt es mittlerweile gute WLAN Router, die je nach Preisklasse mittlerweile gute Leistungen erbringen. Wer mit Kryptos handelt, dem würde ich auf jeden Fall eine VPN-Verbindung empfehlen, die dich vor Hackern oder auch vor Phishing schützt. Das örtliche WLAN zu nutzen ist eigentlich nur die letzte Wahl, obwohl ich es oft gemacht habe und es eigentlich nie Probleme gab.

Eine schlechte Internetverbindung kommt zum Glück in den letzten Jahren immer seltener vor, aber verlassen kann man sich trotzdem nicht darauf. Nach meiner Erfahrung ist das Internet im asiatischen Raum oft besser als in Europa. Aber man wird immer wieder erleben, dass das WLAN nicht so gut funktioniert wie die Anzeige des Hotels oder der Ferienwohnung behauptet. Mal befindet sich der Router in einer Ecke des Flurs, der einfach zu weit weg von deinem Zimmer ist. Oder der Router ist zwar in der Nähe, aber die Verbindung ist trotzdem instabil. Wer stets eine stabile und sichere Verbindung haben will, bleibt am besten zu Hause.

Ein anderes Thema, dem man in einer fremden Umgebung wie einem Hotelzimmer oder einer gemieteten Wohnung häufig begegnet, sind fehlende Steckdosen. Man würde es nicht glauben, aber sowohl in älteren als auch in neueren Wohnungen gibt es manchmal Probleme, eine Steckdose zu finden. Sicher, sie ist da, aber eben nicht am richtigen Ort, dort, wo dein Tisch steht, wo du traden willst. Man kommt mit dem Kabel nicht hin und sieht sich gezwungen, die ganze Wohnung umzuräumen, um überhaupt an eine Steckdose zu gelangen. Oder man muss den Laptop erst aufladen, bevor man traden kann. Zum Glück kommt dies nicht allzu oft vor, aber es ist mir schon ein paar Mal passiert, dass ich Schwierigkeiten hatte, überhaupt traden zu können, einfach weil die Steckdose nicht am richtigen Ort war.

Ein witziges Problem, ist das Fehlen eines guten, stabilen Tisches. Man würde nicht glauben, dass dies ein Problem sein könnte, wenn man unterwegs arbeiten will. Aber es ist manchmal schwierig, sowohl in Hotelzimmern als auch in Ferienwohnungen, einen stabilen Tisch zu finden. Wenn ich auf den Bildern in den einschlägigen Reiseportalen diese Hochtische mit zwei Barhockern und zwei Sektgläsern sehe, weiß ich meistens schon Bescheid: Da gehst du nicht hin! Die Vermieter denken wahrscheinlich, dass das genau das ist, was die Leute im Urlaub suchen: Einen Stehtisch mit zwei Barhockern und eine Flasche Sekt. Ich verstehe nicht, dass sie immer noch nicht darauf gekommen sind, dass nicht wenige „Reisende" trotzdem ab und zu ein oder zwei Stunden arbeiten möchten, selbst wenn sie im Urlaub sind. Daher sollte ein stabiler Tisch mit einem guten Stuhl eigentlich selbstverständlich sein. Leider ist das meistens nicht der Fall. Betrete ich eine neue Ferienwohnung, ist meine erste Frage nicht „Wie sind das Bad oder das Bett?" sondern „Wo steht der Tisch?"

Ein anderes Thema ist natürlich der dazugehörige Stuhl. Es scheint mir, dass die Betreiber von Ferienwohnungen bestrebt sind, die denkbar unbequemsten Stühlen auszusuchen, als könnte man damit einen Preis gewinnen. Alles ist heutzutage auf schickes Design ausgerichtet. Ich weiß schon, dass sich auf den Bildern schickes Design besser verkauft· als ein zusammengewürfelter Haufen von ausrangierten oder gebrauchten Möbeln. Dennoch habe ich schon oft genau die Wohnung mit biederen Tischen und Stühlen gebucht, weil ich aus Erfahrung weiß, dass ich dort wenigstens arbeiten kann. In Paestum hatte ich zum Beispiel zwar einen stabilen Tisch, aber das war eigentlich der Esstisch. Den haben wir dann mit viel Mühe durch die Tür des zweiten Schlafzimmers durchbekommen, das ich als „Trading-Zimmer" eingerichtet hatte. Essen mussten wir dann eben an einem wackligen Plastiktisch, den wir von der Terrasse geholt hatten. So ist es eben, man lernt zu improvisieren, und das macht das Leben auch schön. Die Sache mit den Tischen ist manchmal ärgerlich und nervig, aber irgendwie klappt es dann doch. Ob es in der Wohnung einen stabilen Tisch gibt oder nicht ist für mich mittlerweile *das* Hauptkriterium, wenn ich nach einer Ferienwohnung im Internet suche.

Dann gibt es noch ein weiteres Thema. Man glaubt mir vielleicht nicht, aber in den letzten Jahren habe ich mir angewöhnt, mit einem großen Bildschirm zu reisen. Wenn ich kann, nehme ich einen 27-Zoll-Bildschirm mit. In Italien hatte ich einen dabei. Er passte problemlos ins Auto, also warum sollte ich ihn nicht mitnehmen? Ich habe ihn deswegen dabei, weil ich meine Augen schonen will. Ich kann einfach besser arbeiten, wenn ich einen größeren Bildschirm habe, anstatt immer nur auf den doch recht bescheidenen Bildschirm meines Laptops zu schauen. Man sollte es auch so sehen: Ein Börsenchart auf einem 27-Zoll-Monitor ist etwas anderes als ein Chart auf einem 12-Zoll-Notebook. Abgesehen davon, dass ich mit dem größeren Monitor keine Brille brauche, sind auch meine Trading-Ergebnisse besser, wenn ich hin und wieder den Chart aus einer gewissen Distanz betrachten kann. Distanz zu einer Sache führt zu mehr rationalen Entscheidungen.

Im Übrigen werden meine subjektiven Empfindungen durch neuerliche Studien bestätigt. In einer von der Universität Utah durchgeführten Studie wurde festgestellt, dass Menschen mit größeren Bildschirmen Aufgaben 52 % schneller erledigen konnten als Personen mit kleineren Bildschirmen. Mir ist keine wissenschaftliche Studie bekannt, die man diesbezüglich unter Tradern vorgenommen hätte. Allerdings gibt es Studien unter Gamern. Demzufolge sind erfahrene Spieler in der Lage, andere erfahrene Spieler zu schlagen, wenn die einzige Variable, die sich unterscheidet, die Bildschirmgröße ist. Die erfahrenen

Spieler gewinnen fast immer, wenn sie große Bildschirme benutzen. Dagegen verlieren sie fast immer, wenn sie mit kleineren Bildschirmen spielen. Das sollte uns als Trader natürlich zu denken geben.

Wenn ich den Monitor nicht mitnehmen kann, was zum Beispiel auf Gran Canaria der Fall war, kaufe ich mir einen. Das war das erste, was ich gemacht habe, als ich in Las Palmas ankam: Ich habe mir einen 27-Zoll-Bildschirm geholt. Ich glaube, er hat 135 Euro gekostet. Wenn man zwei Monate auf so einer Insel ist, lohnt sich das für mich. Und was habe ich mit ihm gemacht, als ich wieder zurückgeflogen bin? Ich habe ihn der Rezeption meines letzten Hotels geschenkt. Der Betreiber war glücklich, das Gerät zu bekommen, denn er hatte nur ein altmodisches und wackliges Ding, auf dem er seine Buchungen verwaltete.

Das sind einige amüsante Anekdoten von meinen Reisen. Traden von unterwegs ist sicher möglich. Mit ein wenig Fantasie klappt es durchaus. Fantasie und Leichtigkeit kommen von allein, wenn es gelingt, die Arbeit des Tradens mit Freizeit zu verbinden. Ja, man wird sogar ein richtiges Improvisationstalent.

7. Geld wird verdient durch Fokus

Geld wird verdient durch Fokus, und Vermögen wird geschützt durch Diversifikation.

Ich wiederhole: Wenn du Geld verdienen willst, musst du dich auf etwas fokussieren. Leider sehe ich bei Tradern oft, dass sie genau das Gegenteil tun. Sie fokussieren sich nicht. Sie sind in allen möglichen Anlageklassen unterwegs. Mal traden sie Aktien, mal traden sie Futures, mal sind es Rohstoffe, oder dann sind es Währungen. Neuerdings sind es natürlich auch die Kryptowährungen, die spannend sind.

Wenn der Trader seine Aufmerksamkeit auf mehrere Anlageklassen verteilt, ist das die eine Sache. Es gibt aber etwas noch viel Gravierendes: Die meisten Trader bleiben nicht bei ihrer Strategie. Sie springen von der einen Strategie zur Nächsten. Anstatt mal eine Sache etwas länger zu versuchen und zu schauen, ob man darin besser werden kann, glauben sie immer wieder, dass das Gras auf der anderen Seite grüner ist. Nach kurzer Zeit stürzen sie sich wieder in etwas ganz anderes und geben die gerade erst gelernte Strategie wieder auf. Das wäre in etwa so, wie wenn man am Montag Zahnarzt wäre, am Dienstag Klempner und am Mittwoch Dachdecker. Logisch, dass dabei nichts herauskommt, das dauerhaft ist.

Selten wird man einen Trader finden, der einem zum Beispiel sagt: „Ich habe mich auf den Euro Stoxx Future (FESX) spezialisiert und trade nur diesen Markt." Das höre ich sehr selten, obwohl es vernünftig wäre, wenn man zu Geld kommen will. Es geht nicht um diesen Future, es spielt keine Rolle, welchen Markt der Trader auswählt. Es könnte auch eine einzelne Aktie sein. Es gibt Trader, die seit Jahr und Tag nur *eine* Aktie traden. Sie wissen alles über diese Aktie und natürlich über das Unternehmen. Sie wissen, wann der Marketmaker aktiv wird und wann er Pause hat. Sie sehen es im Orderbuch. Sie sind sozusagen Experte dieser einen Aktie. Dadurch haben sie sich einen Vorteil erarbeitet gegenüber allen anderen Tradern, die nur gelegentlich diese Aktie traden!

Es geht also darum, dass sich der Trader auf eine Sache zu fokussieren lernt und darin gut wird, um nicht zu sagen, darin ein Experte wird. Denn seien wir ehrlich, wer verdient Geld in unserer Gesellschaft? Das sind doch wohl die Experten! Es sind doch nicht die Generalisten, die Leute, die Allgemeinkenntnisse haben oder vielleicht eine gute Schule besucht haben, aber nichts wirklich Spezifisches gelernt haben. Diejenigen verdienen Geld, die eine sehr spezifische Ausbildung genossen haben, wie zum Beispiel Zahnärzte, Notare oder Herzchirurgen. An der Börse ist es nicht anders. Es sind nicht die Generalisten, die reich werden, sondern die Spezialisten. Also fokussiere dich!

Als ich 2001 mit dem Handeln von Futures begann, habe ich mich auf den Bund-Future konzentriert. Zu dieser Zeit gab es noch nicht so viel Auswahl wie heute. Es gab keine CFDs als Alternative zu Futures. Forex war noch in den Kinderschuhen, zumindest für Privat-Trader. Wenn man ein kleines Konto hatte, konnte man zwar mit Zertifikaten und Optionsscheinen handeln, was nicht wenige taten, aber das wollte ich nicht. Ich wollte ein professionelles Instrument haben. Und da kamen für mich nur Futures in Frage.

Und wenn wir schon von Fokus und Fokussierung sprechen, dann gibt es noch einen zusätzlichen Begriff, den man erwähnen sollte: *Laserfokus*.

Ein Laser, was ist das eigentlich? Ich habe es nachgeschlagen: „Laserstrahlen sind elektromagnetische Wellen. Vom Licht, einer zur Beleuchtung verwendeten Lichtquelle, beispielsweise einer Glühlampe, unterscheiden sie sich vor allem durch die sonst unerreichte Kombination von hoher Intensität, oft sehr engem Frequenzbereich, scharfer Bündelung des Strahls und großer Kohärenzlänge."

Ich will jetzt nicht auf die physikalischen Einzelheiten dieses Themas eingehen, aber ich denke, man kann das Bild eines Lasers durchaus auf unterschiedliche Aktivitäten übertragen, sei es berufliche Aktivitäten oder zum Beispiel, wenn man für eine Prüfung lernen muss. Jeder, der mal ein Examen bestanden hat, weiß, dass er das geschafft hat, weil er sich eine Zeit lang zurückgezogen und sich auf ein bestimmtes Thema konzentriert hat.

Im Trading ist es nicht anders. Wenn die Sonnenstrahlen auf die Erde treffen, wird die gesamte Erde beleuchtet und erwärmt. Verfügst du über ein Vergrößerungsglas, kannst du mit diesem Glas Feuer entfachen. Genau darum geht es. Wenn du an die Börse gehst, versuche durch Fokus und Konzentration ein Feuer zu entfachen! Wenn du dich auf eine Sache fokussierst, wird das Geld kommen! Du wirst deshalb Geld verdienen, weil du dich von mehr als neunzig Prozent der Anleger unterscheidest!

Anfänger glauben, dass man alle Chancen, die sich irgendwo an der Börse auftun traden muss. Aber so funktioniert das nicht. Wenn du am Montag Aktie A handelst, am Dienstag Währung B und am Mittwoch Rochstoff C, bist du in jedem dieser Märkte ein Anfänger. Du bist es deshalb, weil du gegen Leute antrittst, die seit Jahr und Tag nur Aktie A oder Währung B handeln. Sie kennen die Eigenheiten ihres Marktes in- und auswendig. Und weil sie diesen spezifischen Markt kennen wie ihre Westentasche, erarbeiten sie sich täglich genau dort Chancen. Das sind dann meist die wirklichen Chancen, weil sie auf Erfahrung basieren und nicht auf ein Gerücht, das sie irgendwo aufgeschnappt haben.

Darüber hinaus sollte der Trader versuchen, jegliche Art von Ablenkung zu vermeiden. Er sollte sich in einen Raum oder in ein Zimmer zurückziehen, in dem er möglichst allein ist. Nicht wenige Trader sind gern von Kollegen umgeben. Ehrlich gesagt halte ich nicht viel davon, besonders wenn man Scalper ist. Trading ist etwas, das man für sich alleine tun muss. Trade allein, schalte das Handy aus und vermeide auch Musik zu hören oder Videos zu schauen. Es geht nur um den Chart und dich. Versuche auch, alle inneren Ablenkungen zu minimieren. Der Trader sollte keine Sorgen haben, weder in Gedanken noch in Gefühlen. Unentschlossenheit sollte er vermeiden und er sollte sich sehr klar darüber sein, was er erreichen will. Ängste jeglicher Art sind natürlich ebenfalls hinderlich und können zu Verlusten führen.

Wer gern eine Philosophie dazu hat, kann sich mit dem Zen-Buddhismus befassen. Der Zen-Mönch lernt, eine Sache gut zu tun, und zwar diese eine Sache, egal ob der den Boden des Klosters schrubben, die Fenster putzen oder Gartenarbeit verrichten soll. Jede Tätigkeit geschieht in Einfachheit und Klarheit. Die Gedanken sind dabei nur auf die Tätigkeit selbst bezogen. Mit der Zeit wird sein Tun klar und einfach, bis er selbst eines Tages klar und einfach wird.

Nun kommen wir zum zweiten Teil des einleitenden Satzes dieses Kapitels: Vermögen wird geschützt durch Diversifikation.

Wenn der Trader Geld verdient oder Kapital angesammelt hat, sollte er nicht versuchen, dieses Kapital durch weitere Fokussierung zu vermehren. Das ist nicht das Ziel. Sein Ziel sollte sein, dieses Kapital in irgendeiner Form zu erhalten. Damit wäre schon viel erreicht. Man glaubt oft nicht, wie schwer es sein kann, Geld oder Kapital zu schützen und zu erhalten. Leider wird dieser wichtige Aspekt des Lebens auch nicht an unseren Schulen und Universitäten unterrichtet, genauso wenig, wie man zu Geld kommt. Ich wiederhole: Die zwei wichtigsten Fähigkeiten, um im Leben voranzukommen, werden an Schulen nicht unterrichtet. Die Frage darf gestellt werden: Warum eigentlich nicht?

Man kann sein Geld auf verschiedene Art und Weise erhalten. Ich kenne nicht wenige Leute, die es einfach auf einem Konto oder auf mehreren Konten liegen lassen. Sie investieren es nicht. Entweder haben sie keine Zeit dafür, oder sie finden es zu schwierig. Und die Inflation? Es macht ihnen nichts aus, sagen diese Leute. Es ist ein beruhigendes Gefühl, dass ich Geld habe, das jederzeit zur Verfügung steht, wenn ich es brauche.

Wenn ich ehrlich bin, ist mir dieser Standpunkt sympathisch. Sie wäre auch im Sinne der Zen-Philosophie, die Dinge so einfach wie möglich zu halten. Niemand verpflichtet dich dazu, dein Geld zu investieren. Das Argument dieser Gruppe, dass sie die Zeit dafür nicht aufwenden wollen, sich über andere Möglichkeiten zu informieren, ist auch nicht einfach von der Hand zu weisen. Lohnt es sich nun wirklich, sich mit Immobilien oder Aktien zu beschäftigen, wenn ein Paar Prozent im Jahr dabei herauskommen? Ein Onkel Theo von mir hat Geld. Er hat gearbeitet und gespart und überdies hat er bisschen von seinen Eltern geerbt. Er wohnt im Haus seiner Eltern, das er ebenfalls geerbt hat. Seit Jahren liegt sein Geld auf einem einfachen Konto bei einer Allerweltsbank. Er rührt es nicht an. Er kauft keine Immobilien und Aktien hat er schon gar nicht. Da er auch keine Kinder hat, hat er kaum Ausgaben. Das einzige, was ihn wirklich interessiert, ist gutes Essen. Er besucht fünf Mal die Woche gute Restaurants. Dafür hebt er monatlich ein paar tausend Euro von seinem Konto ab, damit er die teuren Restaurantrechnungen bezahlen kann. Ist sein Geld gut investiert? Für ihn schon. Und er schläft nachts ruhig.

Wer sein Geld investieren will, sollte es meiner Meinung aus einem anderen Grund tun: Cashflow. Es ist ein gewaltiger Unterschied, ob man sein Vermögen ausgibt, wie es mein Onkel Theo tut, oder ob das Kapital gut investiert ist, damit es einen Cashflow erzeugt, von dem man lange leben kann. Und selbst danach… Wer investiert, kann sein Vermögen eines Tages auf die nächste Generation vererben. Das braucht mein Onkel Theo nicht. Er hat keine Kinder. Er ist schon alt und seine Devise lautet: Nach mir die Sintflut!

Wer dennoch investieren will oder muss, soll diversifizieren. Er kann Geld in verschiedene Anlageklassen investieren, wobei ich auch hier nicht zu viele Ablenkungen haben möchte. Natürlich kann man in Immobilien investieren, das machen viele, und es ist in vielen Fällen sinnvoll. Man kann Aktien kaufen und ein Aktienportfolio aufbauen. Es ist auch nicht verkehrt, fünf oder zehn Prozent seines Vermögens in Edelmetalle anzulegen. Damit versichert man sich gegen größere Verwerfungen des Geldsystems.

Wer über größere Summen verfügt, kann Investments in Private Equity in Betracht ziehen. Private Equity tätigt langfristige Investitionen in kleine, mittlere und große Unternehmen mit dem Ziel, sie größer, stärker und rentabler zu machen. In letzter Zeit haben sich Fonds entwickelt, bei denen man schon ab 25.000 US-Dollar investieren kann. Man muss aber das Kleingedruckte gut lesen. Aus einem Private Equity-Investment kommt man auch nicht ohne weiteres heraus, wie das bei einem normalen Investmentfonds der Fall wäre. Junge Unternehmen brauchen Zeit, um sich zu entwickeln. Private Equity-Investoren sind oft in einer sehr frühen Phase dabei, oft bereits in der Seed-Phase. Das ist manchmal noch die Forschungs- oder Produktentwicklungsphase.

Was ich nicht zur Diversifikation zähle, sind zum Beispiel Kryptowährungen. Man kann meinetwegen gerne zwei bis fünf Prozent seines Vermögens in interessanten Krypto-

Projekten anlegen. Aber wenn es darum geht, sein Vermögen zu schützen, geht es nicht darum, sein Geld zu vervielfachen. Das ist der Denkfehler, den viele machen, die im Rahmen von Kryptowährungen erstmals mit dem Kapitalmarkt in Berührung kommen. Diese Leute versuchen, ihr Geld mit Kryptos zu vermehren. Das kann funktionieren, und ich kenne Menschen, die damit tatsächlich viel Geld verdient haben. Aber das ist keine Diversifikationsstrategie und schon gar keine langfristige, auch wenn das von vielen behauptet wird, sondern eine Spekulation. Ich kann mitreden, weil ich selbst mal eine Spekulation in Kryptos getätigt habe, und zwar während des Bitcoin-Bullenmarktes von 2020-2021. Irgendwann kamen die sogenannten Altcoins ins Laufen. Ich hatte kleinere Positionen in einem Dutzend kleinerer Projekte, von denen einige sich tatsächlich verzehnfachten. Solche Renditen beflügeln natürlich die Fantasie, vor allem die der kleinen Leute. Vermögenden Menschen sind meist zurückhaltend, wenn es um Kryptowährungen geht, wenn sie sich überhaupt damit beschäftigen. Die meisten vermögenden Menschen, die ich kenne, lassen die Finger von Kryptos. Wie dem auch sei, ich konnte mit meinem „Krypto-Trade" einen schönen Gewinn einholen. Da kommt aber der entscheidende Punkt: Ich habe irgendwann verkauft. Ich habe die Gewinne realisiert. Viele Neulinge aber, die in diesem Bullenmarkt investiert waren, haben nicht verkauft, weil sie den leeren Versprechungen der Krypto-Gurus geglaubt haben. Sie sind dringeblieben und haben, nachdem sie den ganzen Weg nach oben mitgemacht hatten, auch den ganzen Weg nach unten mitgemacht. Ihre ganzen Gewinne haben sie wie Schnee vor der Sonne wegschmelzen sehen. Und genau das zeigt, dass sie keine „Investoren" sind, sondern Zocker. Für mich war das ein Trade wie jeder andere auch. Man setzt auf etwas, und wenn ein ordentlicher Gewinn angelaufen ist, nimmt man das Geld vom Tisch.

Daher sehe ich Kryptowährungen eher im Zusammenhang mit der Fokussierungsphase, bei der man durch Fokus Geld verdient und genau darauf achtet, was damit geschieht. Wenn die Kryptowährung um 30 % oder 40 % sinkt, sollte man sie meiner Meinung nach auch verkaufen. Ich finde, hier muss man traden, nicht „investieren und dann hoffen." Ich bin mir bewusst, dass ich mich in diesem Punkt von vielen unterscheide, aber meiner Meinung nach gehören Kryptowährungen nicht in das Portfolio eines Anlegers, der versucht, sein Geld langfristig zu schützen und zu erhalten. Sie gehören zum Thema Geld verdienen und Fokussierung. Nicht vergessen: Das Ziel, wenn man Geld hat, ist Kapitalerhalt!

Dann gibt es noch eine zweite Aufgabe der Vermögenden: Inflationsschutz. Viele Anleger, die etwas Geld oder Ersparnisse haben, fühlen sich im Gegensatz zu meinem Onkel Theo unsicher. Ich werde auch oft darauf angesprochen. „Was soll ich tun? Soll ich eine Immobilie kaufen? Aber die sind so unglaublich teuer geworden." In Deutschland sind Immobilien in den meisten Städten und Gemeinden fast unbezahlbar geworden, selbst einfache Einfamilienhäuser oder Apartments.

Meine Empfehlung, die von den meisten Menschen leider nicht aufgegriffen wird, heißt: Hochdividenden-Aktien. Meiner Meinung nach sind sie langfristig der beste Inflationsschutz. Warum glaube ich das? Wenn du Dividendenaktien hast, und zwar solche mit ordentlichen Dividendenrenditen, also nicht zwei bis drei Prozent, sondern sieben, acht Prozent oder mehr, dann schlägst du in aller Regel die Inflation. Ich empfehle deshalb Hochdividendenwerte, weil sie dich einerseits gegen die Inflation schützen und nebenbei auch einen ständigen Cashflow ergeben. Das ist das Zauberwort. Wenn man einen regelmäßigen Cashflow aus den Dividenden bekommt, den die Aktien ausschütten, kann man mit diesem Geld wieder neue Aktien kaufen, entweder von denselben oder von anderen Unternehmen. Der Cashflow sorgt dafür, dass ständig Geld fließt, sodass man immer wieder neue Aktien kaufen kann. Mit der Zeit führt das zu einem Zinseszins-Effekt im Depot. Meiner Meinung nach ist das der beste Inflationsschutz.

Das gelingt auch im Fall eines Bärenmärktes, also wenn die Aktien ordentlich nach unten korrigieren. Es ist für einen Einkommensinvestor wie mich sogar von Vorteil, wenn die Aktien niedriger notieren. Wenn die Aktien günstig sind, kann ich mehr davon kaufen, was wiederum bedeutet, dass ich mehr Dividenden erhalte und dadurch mehr Cashflow habe, also kann ich wiederum mehr Aktien kaufen. Ich hoffe, dass diese Logik nachvollziehbar ist. Dennoch greifen die wenigsten Menschen diese Idee auf. „Nein, nein", sagen sie dann, „ich setze auf Immobilien. Das ist eine sichere Sache". Nun. jeder kennt

Geschichten von Leuten, die mit Immobilien richtig auf die Nase gefallen sind. Aber irgendwie gibt eine Immobilie vielen Menschen das Gefühl, dass sie etwas „Sicheres" gekauft haben. Schaut man dann als rationaler und kühl rechender Investor auf das Zahlenwerk dieser sicheren Immobilie, bemerkt man oft, dass dies in vielen Fällen überhaupt keine guten Investments sind. Aber es ist vielleicht ein bisschen wie bei meinem Onkel Theo: Hauptsache man isst und schläft gut.

8. Wie investiere ich meine Trading-Gewinne?

Ich möchte die Investitionsstrategie mit Hochdividenden in diesem Kapitel vertiefen, denn es geht um die Art und Weise, wie *ich* mein Geld anlege. Da ich nicht zur „Immobilienpartei", sondern zur „Aktienpartei" gehöre, werde ich versuchen darzulegen, wie ich das Geld, das ich durch Trading-Gewinne erarbeitet habe, investiere. Schließlich muss sich jeder Trader früher oder später diese Frage stellen. Nun werden manche sagen: „Ja, bevor ich irgendwelche Trading-Gewinne investiere, muss ich ja erst mal welche haben!" Selbstverständlich braucht man eine erfolgreiche Strategie und Erfolg. Und trotzdem taucht irgendwann die Frage auf: Was mache ich mit dem Geld, wenn es irgendwann reicht, um meine laufenden Lebenskosten zu finanzieren? Was mache ich mit dem Geld, das übrigbleibt?

Die erste Antwort lautet in der Regel, dass der Trader sein Geschäft weiter skalieren sollte. Er könnte mit einer höheren Kontraktzahl traden oder mehr Aktien kaufen, wenn er Aktientrader ist. Das ist sicher richtig. Dennoch glaube ich, dass es klug ist, möglichst bald einen Teil deiner Gewinne auf eine andere Art einzusetzen. Dieses Geld sollte dazu dienen, investiert zu werden. Denn das endgültige Ziel eines Traders sollte sein, dass er irgendwann gar nicht mehr traden muss. Er arbeitet darauf hin, sich selbst abzuschaffen gewissermaßen. Dieser Moment wird erreicht, wenn er die oben genannte finanzielle Freiheit erreicht hat. Das ist der Augenblick, wenn die Einkünfte aus den Investments die fixen Kosten übersteigen. Der Trader wird dann ein Privatier (weiblich: Privatière). Ab diesem Augenblick wird Trading optional. Der Trader kann weiter aktiv traden, muss es aber nicht. Er könnte sich dazu entscheiden, von nun an sein Vermögen zu verwalten. Vom aktiven Gelderwerb geht er dazu über, dafür Sorge zu tragen, dass sein Vermögen erhalten bleibt (nominal und in Kaufkraft). Und er sorgt dafür, dass der Cashflow aus seinem Vermögen kontinuierlich fließt. Anders gesagt, der Trader wechselt das Fach und wird Investor. Damit dieses Ziel rasch erreicht wird, sollte der Trader möglichst bald mit dem Investieren beginnen, denn es werden seine Investitionen sein, die ihm frei machen werden, nicht das Traden!

Ich selbst nenne dies den Geldzyklus, bei dem es einen *offensiven* Bereich und einen *defensiven* Bereich gibt. Beim offensiven Bereich geht es hauptsächlich darum, wie man Geld verdienen kann. Dann gibt es den *defensiven* Teil des Geld-Managements und da geht es darum, wie man das Geld behalten kann. Die Frage des defensiven Bereichs lautet: Wie kann ich mit meinem verfügbaren Kapital einen Cashflow generieren, sodass ich dadurch ein regelmäßiges Einkommen erziele? Wenn wir im Alter aufhören zu arbeiten, dann ist das erste was fehlt, ein geregeltes Einkommen. Das wird leider von vielen unterschätzt, und die Folge ist, dass viel zu spät darauf reagiert wird. Deswegen glaube ich, dass jeder – Trader oder nicht – gut daran tut, sich rechtzeitig mit dem Thema Investieren zu beschäftigen, weil die Frage eines Alterseinkommens auf jeden zukommt – früher oder später.

Ein Freund von mir, der seine Firma verkauft hatte, rief mich an. Er hatte zwar jetzt Geld, aber er hatte plötzlich kein Einkommen mehr, so komisch das auch klingen mag. Er war jahrelang als Geschäftsführer bei seiner eigenen Firma angestellt gewesen und konnte sich monatlich einen Gehalt auszahlen lassen. Nach dem Verkauf hatte er von heute auf morgen kein Einkommen mehr. Es war ein richtiges Problem für ihn, obwohl er Millionen auf dem Konto hatte. Er hatte nie richtig gelernt, die zweite Phase des Geldzyklus aufzubauen. Er hatte nie gelernt, Investor zu werden. Er war ausschließlich damit beschäftigt gewesen, mit seiner Firma Geld zu verdienen. Diese Tätigkeit hatte ihn so in Anspruch genommen, dass er nie die Zeit gehabt hatte über sein Geld nachzudenken, geschweige denn wie er es investieren konnte. Ein Anfänger in Finanzen könnte denken, das sei ein Luxusproblem. Wer Millionen auf dem Konto hat, kann doch einfach sein Geld aufzehren. Das ist zu kurz gedacht, denn die größte Angst, die vermögende Leute haben ist, dass sie das Vermögen, das sie aufgebaut haben, wieder verlieren könnten. Es klingt paradox, aber genau diese Angst führt zu schlaflosen Nächten, gerade bei Millionären.

Ist das Kapital dagegen gut investiert und erzeugt einen steten Cashflow, fällt bei vielen Vermögenden eine Last von den Schultern. „Ich will es so investieren, dass ich zumindest davon leben kann", sagte mir mein Multi-Millionär-Freund am Telefon. Das klingt vielleicht ironisch aus dem Mund eines Menschen, der den Traum von vielen realisiert hat, aber es war eine echte Sorge. Wer kein Geld hat, hat ein Problem. Aber wer Geld hat, hat ein ernsthaftes Problem. Mein

Freund hatte sogar Schwierigkeiten, eine Bank zu finden, die bereit war ein Konto für ihn aufzumachen, um das Geld vom Verkauf der Firma einzuzahlen. Man glaubt es nicht, aber an Cash sind viele Banken schlicht nicht interessiert. Sie haben zu viel davon.

Für welche Art von Investment entschied sich mein Freund schließlich? Für Dividendenaktien. Er war und ist Unternehmer und Unternehmer interessieren sich nun mal für Unternehmen, und Aktien sind primär Unternehmensanteile. Er hatte schon Aktien, aber keine, die so richtig Dividenden ausschütteten. Jetzt, wo er Geld hatte, konnte er natürlich breit investieren, damit die Dividenden reichlich fließen. Das war auch meine Empfehlung, denn Dividendenaktien sind das Beste, was ich bisher gefunden habe. Es ist auch das, was sich am Ehesten dem annähert, was man „passives Einkommen" nennen kann.

Viele investieren ihr Geld in Immobilien und dagegen ist auch nichts einzuwenden. Das kann ein gutes Investment sein, auch um Vermögen aufzubauen. Ich habe für mich festgestellt, dass das nicht mein Weg ist. Ich ziehe es vor, dass mein Geld, in Aktien und in liquiden Werten angelegt ist, die ich mit ein paar Mausklicks verkaufen kann. Das kannst du mit einer Immobilie nicht. Natürlich könnte ich noch andere Gründe nennen, weshalb ich Aktien bevorzuge. Es hat bei mir sicher auch damit zu tun, dass ich Trader bin und von daher keine Angst vor der Börse habe. Ich kenne die Chancen aber auch die Risiken. Ich bin überzeugt, dass nicht wenige Vermögende nur deshalb in Immobilien investieren, weil sie

Angst vor der Börse haben und weil sie sich damit nicht beschäftigen wollen.

Letztlich sollte jeder das tun, womit er ruhig schlafen kann. Für viele werden das genau Immobilien sein. Sie nehmen dann auch die teils aufwändige Verwaltung und den potenziellen Ärger mit Mietern im Kauf. Ein wichtiger Aspekt bei Immobilien sind sicher die fiskalischen Vorteile. Bei Dividendenaktien muss man Quellensteuer zahlen, und das hält nicht wenige davon ab, sich mit Dividendenaktien zu beschäftigen. Nicht wenige Vermögende sehen die ganze Welt immer aus der Perspektive des Fiskus. Kann man irgendwo eine Steuerminderung erzielen, sind sie interessiert. Leider lassen sich solche Leute oft auch auf schlechte Investments ein, nur deshalb, weil irgendein Steuervorteil zu holen ist.

Das ist nicht meine Art, Investments zu betrachten. Der Steueraspekt ist wichtig, aber er wird oft zu sehr in den Vordergrund gerückt. Es gibt andere Aspekte, wie der Hebeleffekt oder die *Velozität* (Umlaufgeschwindigkeit) des Geldes. Diese werden im Erzeugen des Cashflows oft unterschätzt. Man kann eine Niedrigzinsphase sicher dazu nutzen, um sich in wenigen Jahren ein kleines Immobilien-Imperium (auf Pump) aufzubauen. Ändert sich das Zinsumfeld, könnte sich ein solches Imperium auf Schulden schnell zu einem Alptraum entwickeln. Ich kannte eine Frau, die als Krankenschwester tätig war und vor der Finanzkrise von 2008 fünfundzwanzig Häuser und Wohnungen besaß. Manche von ihnen waren mit Krediten von über 100 % finanziert. Als dann die Krise begann, hatte sie plötzlich nur noch „Banktermine."

Zwar hat sie durch Refinanzierungen versucht, einen Teil ihres „Imperiums" zu retten, aber 2009 blieb nicht allzu viel davon übrig. Ja, auch die Aktien gingen während dieser Krise in die Knie. Aber zwei Jahre später hatten viele von ihnen das Kurslevel von vor der Finanzkrise wieder erreicht. Besonders die Dividendentitel konnten sich über reges Interesse freuen. Warum? Weil die Dividendenrenditen bei niedrigen Kurslevel höher sind, was für viele Investoren der Grund war, genau in diese Titel zu investieren.

Es gibt noch einen anderen Punkt, den ich bezüglich des Geldzyklus ansprechen möchte. Investieren in Dividendenaktien ist etwas, was nicht wenige Leute tun, und ich empfehle es jedem, und sei es, dass nur einen Teil des Vermögens auf diese Weise investiert wird. Aber was ich oft sehe, ist, dass viele Leute den defensiven Aspekt des Geldzyklus dazu nutzen, um Vermögen aufzubauen. Sie starten gleich damit, in Dividendenaktien zu investieren. Ziel dieser Anstrengung ist natürlich, dass sie früher in Rente gehen können. Somit gibt es nicht wenige vierzigjährige Rentner und in manchen Fällen sogar noch jüngere Menschen, die dieses Ziel erreicht haben. Dagegen ist doch nichts einzuwenden, könnte man sagen. Es ist allerdings nur eine langsame Methode.

Ein Aktiendepot braucht Zeit, um wachsen zu können, vor allem wenn am Anfang wenig Kapital vorhanden ist. Alles, was unter 100.000 Euro ist, kann man getrost als „wenig Kapital" betrachten, zumindest wenn man von Dividendenzahlungen leben will.

Von Seiten der Finanzindustrie wird diese Methode sowieso nicht gern empfohlen, weil mit solchen Strategien für Anlageberater nicht viel zu verdienen ist. Und wenn es schon gemacht wird, verfallen nicht wenige der sogenannten „Frugal Living-Idee." Sie versuchen, jeden Pfennig umzudrehen, um möglichst viel Geld in ihre Dividendenaktien zu investieren, damit das Depot schnell wächst. Es ist sogar eine Art Sport geworden, eine ganze Bewegung, vor allem in den Vereinigten Staaten. Die Idee ist, dass man einige Jahre arm wie eine Kirchenmaus lebt und jeden Euro, den man verdient in Dividendenaktien steckt. Nicht wenige Leute kommen auf eine Sparquote von sechzig, gar siebzig Prozent, was natürlich eine enorme Leistung ist. Sie fangen gleich mit dem *defensiven* Teil des Geldzyklus an. Sie mögen einen ganz normalen Job haben, aber sie verhalten sich nicht normal. Die meisten Berufstätigen schaffen es vielleicht hundert Euro oder zweihundert Euro monatlich zu sparen, aber die echten Champions des Frugal Livings stecken monatlich tausende Euros in ihre Aktien.

Das ist nicht mein Weg. Meine Methode ist, erst mit dem *offensiven* Teil des Geldzyklus zu starten, nicht mit dem defensiven Teil. Die Frage, die sich mir stellt, lautet: Wie kann ich auf eine direkte, offensive Art und Weise viel Geld verdienen? Bis auf wenige Ausnahmen kann man das mit einem normalen Job nicht. Ich mache es mit Traden und Spekulieren. Das, was dann übrigbleibt, was ich nicht für meinen Lebensunterhalt brauche, investiere ich dann in Dividendenaktien. Wenn man es richtig macht, wächst das Aktiendepot auf diese Art und Weise viel schneller, als wenn man versucht, jeden Euro von seinem Gehalt zu sparen. Wer einer Tätigkeit nachgeht, bei der man einen richtigen Hebel hat, kann viel schneller Kapital akkumulieren. Das ist meines Erachtens ein viel effizienterer Weg, schnell zu Geld zu kommen als zu versuchen, jeden Pfennig umzudrehen.

Ich habe noch einen anderen Einwand gegen die Frugal Living-Idee: Wer sich bei jedem Euro überlegen muss, ob er ihn nicht besser investieren sollte als auszugeben, entwickelt eine Mentalität der Knappheit. Man kann sich dann nichts mehr leisten, nicht mal ein Brötchen für unterwegs oder einen Kaffee für einen Euro aus der Maschine. Denn dieser eine Euro ist natürlich besser am Kapitalmarkt aufgehoben, was im Prinzip richtig ist. Das Problem dabei ist, dass man als Sparfuchs-Weltmeister durch die Welt geht. Man verbietet sich dann fast alles, was nicht gerade das nackte Überleben sichert. Man programmiert sich selbst auf dieser Weise auf ein Leben in einer Welt, in der alles knapp ist, und in der man sich fast nichts leisten kann. Aber gerade das Gegenteil ist doch mein Wunsch. Ich möchte in einer Welt des Überflusses leben, in der ich nicht darüber nachdenken muss, ob ich mir diese Reise oder dieses Auto leisten kann oder nicht. Das ist es doch genau. Ich will so leben können, dass ich nicht nur das nackte Überleben sichere, sondern ich möchte mir doch genau die schönen Dinge des Lebens leisten können wie zum Beispiel eine Reise nach Italien, einen guten Wein mit Freunden oder ein Haus mit Privatstrand am Meer!

Abgesehen vom eingezahlten Kapital sollte man sich aber auch die Frage stellen, *wie* man ein Dividendenportfolio schneller wachsen lassen kann, nicht nur durch die Einzahlungen, die man tätigt, sondern auch durch das, was dann im Depot geschieht. Wenn von Dividendenaktien die Rede ist, denken viele an zwei, drei höchstens vier Prozent Dividendenrendite im Jahr. Aber wer so denkt, muss zwangsläufig zu dem Schluss kommen, dass nur ein großes Vermögen genügend Dividenden ausschüttet, um überhaupt davon leben zu können. Wir müssen ja in den meisten Fällen auch die Quellensteuer in Betracht ziehen, die unsere Rendite erheblich schmälert. Somit ist klar, dass wir deutlich höhere Dividendenrenditen brauchen, damit wir schneller zur finanziellen Freiheit kommen.

Mit höheren Dividendenrenditen meine ich natürlich mindestens sieben, acht Prozent und aufwärts. Und die gibt es ja. Die gibt es bei Aktien und die gibt es auch ganz besonders bei den sogenannten REITs. Das sind Real Estate Investment Trusts. Der Vorteil von REITs besteht darin, dass große Teile des Gewinns sofort ausgeschüttet werden. Die meisten REITs schaffen Ausschüttungsquoten von etwa neunzig Prozent. Dadurch sind deutlich höhere Dividendenrenditen für die Anleger möglich.

Die meisten interessanten Dividendentitel sind in den USA zu finden. Das ist etwas, womit man sich als Dividendeninvestor abgeben muss. Man kann diversifizieren, indem man Aktien aus dem Vereinigten Königreich, Kanada, oder Australien kauft. Auch Singapur hat interessante Aktien. Aber man wird oft sehen, dass die Mehrheit der Dividendentitel in den Depots aus den USA stammt.

Ich kaufe auch gerne MLPs, das sind Master Limited Partnerships. Diese Fonds sind oft in Öl- und Gas-Firmen investiert. Mit anderen Worten, das sind sehr langfristige Engagements. Hier sind die Risiken überschaubar. Die Dividenden sind nicht immer so hoch wie bei den vorhin genannten Papieren, aber der große Vorteil von diesen MLPs ist der kontinuierliche Cashflow, den diese ausschütten. Sie stabilisieren das Depot und sind von daher für Einkommensinvestoren ebenfalls interessant.

Dann kaufe ich gerne Business Development Companies (BDCs). Das ist eine Form von geschlossener Investmentgesellschaft, die in kleine und mittlere Unternehmen investiert. Darüber hinaus werden, wie bei REITs, mindestens 90 Prozent der Erträge an die Anleger ausgeschüttet.

Ich kaufe auch gern Closed-end Funds (CEFs). Diese Fonds sind hierzulande weitgehend unbekannt und das zu Unrecht meiner Meinung nach, denn sie zahlen hohe Ausschüttungen, und zwar oft monatlich. Sie investieren in Aktien oder Anleihen und werden selbst an der Börse gehandelt. Leider können in der EU ansässige Bürger seit Anfang 2023 CEFs nur noch bedingt handeln. Laut der EU fehlen ihnen die nötige MIFID-Dokumentation und deshalb wurden sie über Nacht für EU-Bürger nicht mehr handelbar, es sei denn man erwirbt den sogenannten „professionellen Status.“ Dieser ist aber für die meisten Privatanleger nur schwer zu bekommen, es sei denn, ihr Portfolio überschreitet den Wert von 500.000 Euro. Ich brauche dem Leser wohl nicht meine Meinung zu dieser neuen EU-Verordnung zu verraten, die natürlich – wie immer – zu unserem „Schutz" gedacht ist. Es ist mir wirklich schleierhaft, weswegen man als Privatanleger durchaus Optionen, Futures, CFDs oder Hebelzertifikaten handeln darf, aber keine CEFs, obwohl diese Fonds zu den ältesten gehören, die es in den USA gibt und geradezu für Einkommensinvestoren geschaffen wurden.

Diese kleine Liste, die längst nicht vollständig ist, soll nur deutlich machen, dass es klare Alternativen zu den meist niedrigen Dividendenrenditen bei den bekannteren Aktien gibt. Natürlich haben Aktien von Coca-Cola oder Procter and Gamble beeindruckende Dividendenhistorien. Aber man muss schon eine Menge Coca-Cola-Aktien kaufen, um bei der aktuellen Dividendenrendite von drei Prozent seine Lebenshaltungskosten finanzieren zu können. Wer dagegen eine durchschnittliche Ausschüttung von acht Prozent im Jahr anstrebt, braucht deutlich weniger Kapital als wenn man in Aktien investiert mit einer durchschnittlichen Rendite von drei oder vier Prozent.

Da ich auf dieses Einkommen im Moment nicht angewiesen bin, habe ich natürlich die Möglichkeit, dieses Depot weiter wachsen zu lassen, indem ich die ausgeschütteten Dividenden sofort reinvestiere. Und das ist natürlich der Turbo für ein Depot. Egal wie man es macht, der Zinseszins-Effekt kann beachtlich sein. Wer es konsequent macht, kann den Cashflow aus den Dividenden jährlich zwischen zwanzig und dreißig Prozent steigern. Das sind Renditen, die nur schwer mit direktionalen Strategien (Strategien die auf Kursgewinne aus sind) zu erzielen sind, vor allem nicht kontinuierlich, also auch in „schlechten Börsenjahren." Niedrige Kursnotierungen sind für Einkommensinvestoren sogar von Vorteil. Das ist etwas, was die Freunde der Kursgewinne (inklusive mir in meinen Anfangsjahren) oft nicht verstehen oder verstehen wollen.

Dann gibt es noch ein weiterer Punkt, den ich hier ansprechen möchte, nämlich *wie* ich investiere. Hier kommen wir zum „Risikoaspekt" meiner Investmentstrategie, denn bekanntlich steigt nicht alles was man kauft. Ich habe überhaupt kein Problem damit, eine Aktie, die ich bereits halte, noch mal zu kaufen, wenn sie zwanzig oder dreißig Prozent gefallen ist. Man nennt dies Dollar Cost Averaging. Wenn ich von einem Unternehmen oder einem Fonds überzeugt bin, und der Kurs fällt zwanzig Prozent, dann kaufe ich zu. Fällt die Aktie nochmal zwanzig Prozent, kaufe ich ein weiteres Paket. Ich gestatte mir auf dieser weise, drei Mal zu kaufen. Dadurch sinkt mein durchschnittlicher Einkaufskurs jedes Mal. Auf dieser Weise erreiche ich dann auch schneller die Gewinnschwelle, wenn der Wind dreht. Und irgendwann dreht der Wind, zumindest bei den meisten Aktien. Man sollte auch bedenken, dass die Dividendenrendite bei jedem tieferen Kauf auch steigt. Die regelmäßigen Dividenden, die ich von den Unternehmen erhalte, deren Aktien ich gekauft habe, betrachte ich wie eine Art Versicherung. Nicht selten übersteigt die Summe der erhaltenen Dividenden den Kursverlust.

Als Trader gehe ich anders mit einem Verlust um. Als Trader muss ich meine Verluste begrenzen. In der Regel mache ich das, indem ich gleichzeitig eine Stop-Order in den Markt setze, wenn ich etwas kaufe. Dann verkauft das System mein

Papier automatisch, sobald ein vorabbestimmter Verlust entstanden ist. Wenn ich investiere und Dividendenzahlungen haben will, dann ist es sogar von Vorteil, wenn die Aktie günstiger wird, denn dann kann ich mehr Aktien kaufen und erhalte somit mehr Dividenden, weil dies das Ziel meiner Investmentstrategie ist. Wie man sieht, muss man ganz anderes denken, wenn man Einkommensinvestor wird.

Nehmen wir an, ich kaufe jedes Mal für 300 US-Dollar Aktien. Wenn die Aktie 30 US-Dollar kostet, kann ich zehn Aktien kaufen. Fällt die Aktie auf 10 US-Dollar, was schon extrem wäre, kann ich eben dreißig Stück kaufen. Fällt sie bis auf 20 US-Dollar, kann ich 15 Stück kaufen, usw. Die Idee ist, dass der Investor die Position nicht auf einmal kauft. Wenn ich zum Beispiel insgesamt 2.000 US-Dollar pro Aktie investieren will, kaufe ich das gesamte Paket nicht auf einmal, sondern überlasse es dem Markt, wann ich eventuell zukaufen kann, nämlich dann, wenn die Aktie oder der Fonds günstiger werden. Diese Gelegenheiten gibt es immer wieder. Es gibt immer wieder Zeiten, wo die Börse zehn, fünfzehn, zwanzig oder mehr Prozent fällt oder auch einzelnen Aktien oder Fonds deutlich günstiger werden. Dann ist der Augenblick gekommen, um die Position aufzustocken und zuzukaufen.

Wenn man die Sache so betrachtet (die Betrachtung eines Investors, der auf längere Sicht investiert), braucht man keine Angst vor Verlusten zu haben. Das einzig wirkliche Risiko ist natürlich der Totalverlust, also wenn das Unternehmen pleitegehen würde. Das ist auch der Grund, weshalb man bei einem Aktien-Portfolio diversifizieren sollte.

Man sollte möglichst nicht alles in eine Aktie stecken, sondern durchaus zwanzig, dreißig bis fünfzig oder gar mehr Positionen halten, vor allem wenn das Kapital größer wird. Ziel sollte sein, dass man maximal ein oder zwei Prozent des Gesamtkapitals in eine Aktie investiert. Droht mal eine Totalpleite, realisiert man dann vielleicht einen Verlust von einem oder zwei Prozent. Das ist etwas, was man durchaus verschmerzen kann, zumal es ja auch Gewinne gibt.

In diesem Sinne bin ich beim Investieren unabhängig vom Timing beim Kauf, was ich bei meinem Trading nicht bin. Da ist Timing total wichtig. Sollte die Börse mal zwanzig oder dreißig Prozent korrigieren, kann ich gute Dividendenwerte mit deutlichen Abschlägen von dreißig, fünfzig oder gar über fünfzig Prozent kaufen. Aus diesem Grund macht es durchaus Sinn, einen Teil des Kapitals in Cash zu halten und abzuwarten. Man muss nicht unbedingt immer hundertprozentig investiert sein.

Es gibt noch einen weiteren Aspekt meiner Strategie, und das sind *monatliche* Dividenden. So etwas gibt es, vor allem in den Vereinigten Staaten. In Europa zahlen die Unternehmen oft nur einmal im Jahr Dividenden. Das ist meistens im Mai. Dann kommt plötzlich sehr viel Geld auf das Konto. Ich bin kein großer Fan davon, denn dann muss ich ein Jahr lang warten, bis ich endlich Dividenden bekomme. Es macht aber mehr Freude, wenn ich alle drei Monate und am liebsten jeden Monat Geld bekomme. Deswegen bevorzuge ich fast immer einen Monatszahler. Die gibt es bei den Aktien, bei den MLPs und bei den REITs. Vor allem in den Vereinigten

Staaten gibt es genügend Fonds und Aktien, die jeden Monat Dividenden ausschütten. Und das macht einfach Freude. Man sollte es so sehen: Investieren ist nicht nur eine rationale Tätigkeit. Wenn man jeden Monat Dividenden ausgezahlt bekommt, ist man viel motivierter, sich mit seinem Dividenden-Portfolio zu beschäftigen.

Es gibt aber noch einen anderen wichtigen Grund, weshalb ich Monatszahler bevorzuge. Man könnte einwenden, dass es doch keinen Unterschied macht, ob ich einmal im Jahr oder jeden Monat Dividenden einer Aktie ausgezahlt bekomme. Denn schließlich wird die Gesamtdividende auf 1/12 auf zwölf Monate verteilt. Was macht es für einen Unterschied, ob ich einmal im Jahr 1,2 US-Dollar pro Aktie Dividenden ausgezahlt bekomme oder ob diese Ausschüttung sauber aufgeteilt jeweils 0,10 US-Dollar pro Monat gezahlt wird. Die Antwort lautet: Es macht durchaus einen Unterschied und es gibt Untersuchungen dazu. Man hat festgestellt, dass der Unterschied in der Rendite zwischen einem Monatszahler versus zum Beispiel einem Quartalszahler nach sechs Jahren bereits fünfzig Prozent ausmacht. In den ersten Jahren sieht man den Unterschied noch nicht besonders, aber nach zehn Jahren bekomme ich bei einem Monatszahler bereits hundert Prozent mehr Ausschüttung als bei einem Quartalszahler. Nach zwanzig Jahren fängt der Unterschied an exponentiell zu steigen. Warum gibt es diesen Unterschied? Wenn ich die Dividende heute bekomme, kann ich sie gleich reinvestieren. Ich muss nicht ein Jahr lang warten. Somit kann mein Geld schneller für mich arbeiten. Anders gesagt: Mein Depot wächst schneller, wenn ich vermehrt auf

Monatszahler setze, und das ist doch genau, was ich will. Finde ich keinen Monatszahler, suche ich zumindest einen Quartalszahler. Dann bekomme ich eben alle drei Monate die Dividende. Aber wenn ich kann, ziehe ich aufgrund dieser mathematischen Tatsache immer den Monatszahler vor.

Jetzt taucht vielleicht die Frage auf, weshalb ich auf hohe Dividenden setze anstatt zum Beispiel auf Dividendenwachstum. Dividendenwachstum ist durchaus eine Strategie, die, wenn man Aktien lange hält, hohe Renditen bringen kann. Wenn jemand einen Anlagehorizont von dreißig, vierzig Jahren hat, also bei jungen Investoren, dann kann es vielleicht interessant sein, eher auf Dividendenwachstum zu setzen anstatt auf Hochdividenden. Das bedeutet, dass man eher darauf achtet, dass das Unternehmen jährlich die Dividende erhöht. Solche Aktien gibt es genügend, wie die bekannten Dividenden-Könige, die über einen Zeitraum von über fünfzig Jahren ihre Dividende steigern könnten. In dem Fall kann es passieren, dass eine Aktie, die man irgendwann mal mit einer Dividendenrendite von 2,5 Prozent gekauft hat, nach einer bestimmten Anzahl von Jahren bezogen auf das Ursprungskapital eine Dividenden-Rendite von zehn oder fünfzehn Prozent produziert. Das ist natürlich interessant, aber dazu braucht es eben Zeit. Ich dagegen möchte den Cashflow jetzt und nicht erst in zwanzig Jahren. Diesen Unterschied muss man machen.

Und auch dazu gibt es Untersuchungen. Man hat festgestellt, dass die Strategie des Dividendenwachstums die Hochdividenden-Strategie erst nach zwanzig Jahren überholt.

Und erst nach dreißig Jahren wird der Unterschied signifikant. Aber so viel Zeit habe ich nicht. Ich will nicht dreißig Jahren warten, bis ich finanziell unabhängig bin. Deshalb suche ich mir die Strategie, die mein Kapital am schnellsten und am effektivsten vermehrt. Und das ist die Hochdividenden-Strategie. Das belegen alle empirischen Untersuchungen zu diesem Thema.

Außerdem braucht die Hochdividenden-Strategie sehr wenig Pflege und Zeit. Wenn man die Aktien einmal gekauft hat, braucht man im Grunde nicht viel mehr zu tun als zuzuschauen, wie jeden Monat die Dividendenzahlungen kommen. Deswegen kann man sagen, dass diese Art des Investierens dem sogenannten „passiven Einkommen" am nächsten kommen – viel mehr übrigens als Immobilieninvestments, um die man sich bekanntlich immer wieder kümmern muss.

Dennoch kann es Gründe geben, sich etwas mehr mit seinen Dividendenwerten zu beschäftigen. Wer will und Freude daran hat, kann sein Dividendenportfolio noch viel schneller wachsen lassen. Und genau das tue ich. Das ist eine dritte Komponente in meiner Dividendenstrategie: Gewinne realisieren! Vielleicht widerspricht das der Idee des passiven Einkommens. Aber es macht Sinn, hin und wieder eine Aktie zu verkaufen, die gut gelaufen ist. Für mich sind Aktien nicht für die Ewigkeit. Es kann mehrere Gründe geben, weshalb man auch eine gute Dividendenaktie verkaufen kann oder vielleicht auch sollte.

Der wichtigste Grund ist, wenn bei der Aktie Kursgewinne angelaufen sind, die die jährliche Gesamtdividende übersteigen. Wenn das Papier eine Dividendenrendite von zehn Prozent aufweist und die Aktie verzeichnet zehn Prozent Kursgewinn, verkaufe ich in der Regel. Warum? Der Grund, weshalb ich die Aktie gekauft habe, war genau die Dividendenrendite. Wenn ich die Summe der Dividenden auf einmal durch Kursgewinne bekomme, dann wäre es fast töricht, diesen Gewinn nicht zu realisieren. Und es ist gut möglich, dass ich die Aktien nach einigen Monaten erneut kaufe, wenn sie wieder billiger geworden ist, und das Spiel nochmal spiele. Wer zum Beispiel dreißig oder fünfzig Positionen im Depot hat, wird eine solche Chance mehrmals im Monat bekommen. Solche Gewinnmitnahmen sorgen neben den Dividenden für zusätzlichen Cashflow im Depot.

Ein anderer Grund, eine Aktie zu verkaufen, wäre, wenn sie aufgrund von Gewinnen oder aufgrund der reinvestierten Dividenden einen zu großen Anteil im Depot einnimmt. Das bedeutet natürlich ein gewisses Risiko. Wer die Gewinnmitnahme-Strategie nicht machen will oder kann, könnte in dem Fall fünfzig Prozent der Aktie verkaufen.

Wie man sieht, kann man sein Dividendendepot auch aktiv managen. Das heißt aber nicht, dass ich hier daytrade. Manche Aktien bleiben mitunter Jahre in meinem Depot, vor allem dann, wenn sie die Gewinnschwelle nicht erreichen. Dafür sollten sie dann fleißig Dividenden ausschütten. Tun sie es plötzlich nicht mehr, wäre dies für mich ein Grund, sie zu verkaufen, denn der Grund, weshalb ich die Aktie gekauft habe, sind ja gerade Dividenden.

Die Erfahrung hat gezeigt, dass die Gewinnmitnahmen oft die Summe der monatlichen Dividenden übersteigen. In dem Sinne erarbeitet der etwas aktivere Investor einen zusätzlichen Einkommensstrom, der bei Depots, die über 100.000 Euro wert sind, schnell beachtliche Summen darstellen können. Bei steigenden Börsen sind Monatsrenditen von zwei oder drei Prozent durchaus realistisch. Solche Renditen sind mit Dividenden natürlich nicht zu erzielen. Ich betrachte die Dividendenzahlungen von daher auch eher als eine Art Versicherung, die ich in meine Aktienstrategie eingebaut habe. Wer regelmäßig Aktien verkaufen will (und also neue dazukaufen muss) braucht in etwa eine halbe Stunde täglich. Es gibt aber auch Tage, an denen mir die Zeit fehlt, mein Depot anzuschauen. Mein Geld „arbeitet" trotzdem fleißig für mich, auch wenn ich nicht hinschaue. Man kann durch die Gewinnmitnahmestrategie den Schneeball noch schneller ins Rollen bringen. Der Tag der finanziellen Unabhängigkeit wird dadurch schneller erreicht.

Teil 2: Traderfragen und -antworten

1. Warum ich nicht mehr daytrade

Der Titel dieses Kapitels lautet: „Warum ich nicht mehr daytrade!" Diese Aussage mag für manche provokant klingen, denn viele denken, dass ich auch als Scalper ein Daytrader bin, aber das stimmt so nicht.

Ich habe vor 22 Jahren als Daytrader angefangen – diese Tätigkeit war mein Traum gewesen. Er schien mir damals als der freieste Beruf, den ich mir vorstellen konnte. Ich habe jahrelang Daytrading betrieben, und ich schäme mich auch nicht zuzugeben, dass ich damit nie wirklich erfolgreich war. Es gab Momente, in denen ich gutes Geld verdient habe, aber dann habe ich oft meine Gewinne wieder verloren. Ich weiß, dass Daytrader zu werden für viele ein Traum ist, weil diese Menschen hoffen, damit ihren Lebensunterhalt zu bestreiten. Diesen Traum kann ich aus eigener Erfahrung bestens nachvollziehen.

Vor 22 Jahren, als ich selbst anfing, waren die technischen Bedingungen für das Daytrading bei weitem nicht so gut wie heute. Damals musste man beispielsweise noch per PIN und TAN eine Order aufgeben und dann warten, bis man eine Bestätigung erhielt, dass man tatsächlich eine Position im Markt hatte. Es war nicht so umständlich wie in den 80er- und 90er-Jahren, als alles noch telefonisch ablief, aber man muss sich vorstellen, dass Anfang der Nullerjahre Daytrading immer noch eine recht abenteuerliche Sache war. Das änderte sich nach einigen Jahren jedoch relativ schnell, und man konnte schließlich mit einem oder wenigen Klicks in den Markt ein- und aussteigen, so wie es heute der Fall ist.

Dennoch war ich damit nicht erfolgreich. Diese Aussage betrifft selbstverständlich nur meine persönliche Situation. Ich will das keinesfalls verallgemeinern. Das ist meine eigene Geschichte.

Es gibt jedoch einen guten Grund, weshalb ich aus heutiger Sicht davon abraten würde, Daytrading zu betreiben. Die meisten, die gerne Daytrader werden möchten, tun dies in der Regel, um ihren aktuellen Job loszuwerden. Sie streben nach einem Leben der Freiheit und hoffen, dies mit Daytrading zu erreichen. Es ist egal, ob sie mit Aktien, Futures, Optionen, CFDs, Währungen oder neuerdings mit Kryptowährungen handeln. Man muss verstehen, dass Daytrading ein Bürojob ist. Der Trader oder die Traderin sitzt zu Hause oder in einem Büro vor dem PC und starrt stundenlang auf Charts. Erfolgreiches Daytrading erfordert ein ständiges Beobachten der Märkte.

Nach sechs, sieben, acht Stunden hat man müde Augen. Das ist sehr anstrengend, macht aber gleichzeitig süchtig. Man kommt davon nicht so leicht los (ich spreche auch hier aus eigener Erfahrung). Und wenn man dann mal aufgehört hat, ist es nicht leicht abzuschalten, denn die Börsenkurse und Charts bleiben weiter im Kopf. Man kann sie heutzutage auf Smartphones, Tablets und sogar auf Uhren weiterverfolgen. Gottseidank steht die Börse am Wochenende still.

Aber diejenigen, die sich den Kryptowährungen verschrieben haben, traden weiter, sogar am Sonntag. Ich denke, der Leser versteht, worauf ich hinauswill: Es gibt keine Ruhe und keine Pausen mehr. Und gerade diese Tatsache sorgt dafür, dass Menschen nach der Börse süchtig werden. Sie können nicht mehr ohne, genauso wie der Alkoholiker, der ohne die Flasche nicht leben kann. Börsensucht ist ein Thema, das kaum Beachtung in den Börsenmedien findet. Kein Wunder, diejenigen, die diese Medien finanzieren – die Broker und Banken – haben kein Interesse daran, dass man sich damit beschäftigt. Es schadet ihrem Geschäft, das vor allem aus Kommissionen und Transaktionsgebühren besteht. Je mehr der Trader handelt, desto reicher werden sie. Darum ist der Daytrader des Brokers Liebling. Es gibt keine Gruppe, die die Tasche der Brokerfirmen mehr füllt als die aktive Gruppe der Daytrader.

Es gibt tatsächlich erfolgreiche Daytrader, das möchte ich nicht bestreiten. Aus meiner Erfahrung in der Trader-Welt kann ich jedoch sagen, dass es nicht viele gibt, die *dauerhaft* erfolgreich sind. Abgesehen davon, dass es sich um einen Bürojob handelt – ähnlich wie wenn du ins Büro gehst und den ganzen Tag arbeitest – ist es auch ein besonders stressiger Job. Meine Frage an diejenigen die Daytrader werden wollen lautet also: Ist diese Tätigkeit das, was du wirklich willst? Möchtest du deinen aktuellen Job einfach gegen einen anderen Job eintauschen, der viel stressiger ist und bei dem du viel mehr Konkurrenz hast als in einem normalen Bürojob? Denke mal darüber nach! Ist das wirklich das, was du willst? Wirst du den

Dauerstress bewältigen können? Und wenn dein System oder deine Strategie mal nicht so gut funktioniert, kannst du es dann immer noch durchziehen? Kannst du wirklich die Punkte oder Ticks oder Pips erreichen, die du dir täglich als Ziel gesetzt hast? Kannst du es aushalten, mehrere Verlusttage hintereinander zu haben? Und hast du dann auch die Disziplin, den Computer zu schließen und einfach zu sagen: „Okay, ich höre für heute auf. Heute lief es nicht gut."? Wirst du nicht den Fehler machen, weiter zu handeln, um dein Tagesziel trotz Verluste dennoch zu erreichen?

Das sind alles Fragen, die ich an den angehenden Daytrader habe. Kannst du all diese Herausforderungen bewältigen? Bist du gesund genug und vor allem auch psychisch stabil genug um das durchzustehen? Und vor allem: Kannst du es dauerhaft, auch wenn du älter wirst? Denn das musst du ebenfalls bedenken. Als ich angefangen habe, war ich schon Mitte dreißig, also schon relativ alt. Darüber musst du auch nachdenken. Bist du zum Beispiel Ende Zwanzig oder Anfang Dreißig, möchtest du das wirklich noch zwanzig oder gar dreißig Jahre lang machen? Ist das das Geschäft, das du für dich aufbauen möchtest? Hast du die Kraft und Disziplin, auch mit Durststrecken umzugehen, mit Zeiten, in denen du kein Geld verdienst? Oder bist du tatsächlich so gut, dass du täglich oder wöchentlich ernsthaftes Geld aus dem Markt ziehst, um damit deine Ausgaben zu decken und Steuern zu zahlen? Bist du so gut, dass du immer genug verdienst, um in Deutschland, Österreich oder der Schweiz zu leben?

Aus meiner Erfahrung kann ich sagen: Es gibt nicht viele Leute, die das tatsächlich dauerhaft können. Vielleicht mal für ein paar Jahre, aber niemand redet in Trader-Kreisen über Börsensucht, die Angst vorm Scheitern oder Burnout. Die Trader, die Opfer von einer dieser Realitäten geworden sind, gibt es. Aber von ihnen hört man nicht. Es gibt keine Interviews mit gescheiterten Tradern. Wozu auch? Sie schämen sich, darüber zu reden, dass es nicht geklappt hat und sitzen in ihrer stillen Ecke und lecken ihre Wunden. Und schon gar nichts wirst du von ehemaligen Tradern hören, die zehntausende Euro in den Sand gesetzt haben und sich sogar Geld geliehen haben, um weiter traden zu können – Darlehen, die sie nun mühsam abstottern müssen. Über diese Trader hörst du vielleicht nichts, aber ich erfinde nichts, diese Trader gibt es.

Von daher würde ich mir sehr gut überlegen, ob ich überhaupt mit Daytrading anfangen möchte. Passives Einkommen ist es sicher nicht. Es ist ein knallhartes Business! Das ist die Realität.

Als Anfänger macht man sich diese Überlegungen nicht, weil man die Erfahrung nicht hat. Aber wenn man einmal angefangen hat zu daytraden und man macht es ein paar Monate, dann merkt man irgendwann: Ja, es ist wirklich eine unglaubliche Herausforderung. Es ist eine fantastische Herausforderung. Und wer gut drin ist, kann ohne Zweifel viel Geld verdienen. Du kannst Millionen machen, wenn du gut bist. Aber es ist ein Bürojob und sicher nicht die Freiheit, von der man vielleicht geträumt hat.

Ich habe Ende der Neunzigerjahre, als ich noch nicht mit dem Gedanken spielte, Daytrader zu werden, zwei sehr erfolgreiche Devisenhändler kennengelernt. Sie waren zwei sympathische Engländer, die in der City ein kleines Vermögen gemacht hatten. Sie waren beide Multimillionäre. Einer von ihnen zeigte mir Fotos von dem Landhaus, das er außerhalb von London gekauft hatte. Er war gerade dabei, einen Billardraum einzurichten, in dem er mit seinen ehemaligen Kumpels aus der City Billard spielen wollte. Diese Leute waren Mitte Dreißig, als ich sie kennenlernte, und waren bereits in Rente. Sie hatten genug Geld mit dem Traden verdient.

Wenn ich jung wäre und Daytrader werden wollte, würde ich es wie diese beiden jungen Männer machen. Ich würde nicht versuchen, es mit meinem eigenen Geld zu machen. Wenn man schon so etwas Verrücktes vorhat, sollte man versuchen, in zehn bis fünfzehn Jahren ein kleines Vermögen zu machen. Dieser Weg scheint mir realistischer als zu versuchen, sein eigenes (meist mickriges) Kapital zu vermehren. Ich würde wie diese Jungs versuchen, in der City einen guten Job bei einer Investmentbank zu bekommen und gleich mit Millionen zu handeln. Wenn du gut bist, bekommst du einen ordentlichen Gehalt. Aber es sind vor allem die Boni, die dir das dicke Geld bringen. Ich würde dafür sorgen, dass ich wie diese zwei Briten mit Mitte Dreißig finanziell frei bin. Danach kannst du machen, was du willst. Du kannst auf Reisen gehen, eine Jacht kaufen oder ein Landhaus mit einem Billardraum einrichten. Aber so würde ich es machen, wenn ich Daytrader sein wollte.

Ich habe im Laufe von 22 Jahren so ziemlich jede Strategie ausprobiert, die es am Markt gibt, von Scalping, Daytrading, Swingtrading, Positions Trading bis hin zum langfristigen Investieren. Meine Erfahrung ist, dass du die besten Chancen hast, Geld an der Börse zu verdienen, wenn du entweder ganz kurzfristig handelst, also scalpst, oder ganz langfristig: Du investierst in Aktien oder versuchst, Positionen in großen Trends aufzubauen. Diese beiden Möglichkeiten scheinen mir erfolgversprechender als Daytrading. Entweder du bist ganz kurzfristig unterwegs, was ich Scalpen nenne, und deine Trades dauern einige Minuten oder Sekunden, oder du wirst Investor und baust ein Aktiendepot auf, von dem du eines Tages ein Einkommen beziehen willst. Also entweder du tradest ganz kurzfristig oder langfristig. Denn alles, was dazwischen liegt, riecht nach Bürojob. Swingtrading zum Beispiel ist durchaus eine Strategie, mit der man erfolgreich sein kann. Aber auch beim Swingtrading hast du Stress, weil du immer Positionen im Markt hast und immer etwas passieren kann, was den Markt komplett dreht. Hast du zum Beispiel drei Long-Positionen und der Gesamtmarkt dreht, hast du plötzlich drei Verlustpositionen. Die Gefahr beim Swingtrading besteht überdies darin, dass du deine Positionen ständig überprüfen willst. Im Grunde genommen bist du also auch nicht frei.

Daher würde ich Scalpen vorziehen. Scalpen ist eine Technik, bei der der Trader einige sehr kurzfristige Trades macht, die meist nur einige Minuten dauern (in Extremfällen sogar Sekunden). Das kann man natürlich den ganzen Tag lang machen, aber dann kommt man in „Daytrader-Modus." Mein

Vorschlag ist, zwei Stunden am Tag konzentriert zu scalpen und dann aufzuhören. In dieser kurzen Zeit verdienst du dein Geld. Beim Scalping kann man mit großen Positionen handeln, da man mit engen Stops arbeitet. Da die Positionen größer sind als beim klassischen Daytrading, kannst du in kurzer Zeit auch mehr verdienen, wenn du richtig liegst. Nach zwei Stunden schließt du den Computer und machst etwas ganz anderes. Mental bist du frei, denn du musst nicht mehr an deine Positionen denken und dir Sorgen machen, was passieren wird, wenn der Markt plötzlich in die falsche Richtung dreht.

Diese mentale Freiheit zu haben, *nachdem* man getradet hat, ist nicht zu unterschätzen. Denn im Trading geht es vor allem darum, keinen festen Bias zu haben. Das bedeutet, dass man jedes Mal, wenn man den Computer anschaltet und auf die Charts blickt, gleichsam einen frischen Blick hat, als schaute man zum ersten Mal auf einen Chart. Dann bist du mental frei, den Markt unvoreingenommen zu beobachten. Hast du noch irgendeine Position im Depot bist du das nicht. Meiner Meinung nach ist das der größte Vorteil eines Scalpers: die mentale Unvoreingenommenheit.

Es ist außerdem überhaupt nicht nötig, den ganzen Tag vor dem Computer zu sitzen, wenn du Scalper bist. Es gibt Scalper, die nur am Vormittag zwischen neun und elf den EUR/USD scalpen. Das ist alles. Es gibt vielleicht ein, zwei, drei gute Bewegungen in dieser Zeit. Diese versuchen die Scalper zu traden. Diese Trader holen sich ihre zehn, zwanzig Pips, und wenn sie das mit einem oder zwei Millionen Dollar machen, reicht das vollends, um ein sehr gutes Einkommen zu haben. Dann schließen sie den Computer und haben den Rest des Tages frei.

Die Kognitionsforschung lehrt uns, dass sich der erwachsene Mensch kaum länger als neunzig Minuten auf eine Sache voll konzentrieren und fokussieren kann. Danach nimmt seine Konzentrationsfähigkeit ab. Mit anderen Worten: Deine Leistungsfähigkeit nimmt immer mehr ab, je länger du diese neunzig Minuten überschreitest, ohne eine echte Pause zu machen. Und das ist vermutlich der Grund, warum die meisten Daytrader keinen Erfolg haben, nicht, weil sie Technische Analyse nicht verstehen, nicht weil sie die Märkte nicht verstehen. Sie sind nicht erfolgreich, weil ihre Konzentration nachlässt. Nach vier, fünf Stunden ist man fertig, zumindest, wenn man etwas älter wird. Vielleicht ist das nicht der Fall, wenn man noch in seinen Zwanzigern ist. Auch das ist etwas, was auch viel zu wenig gesehen wird: Junge Leute merken viel weniger, dass sie die neunzig Minuten überschritten haben als ältere Menschen. Im Übrigen hat die Kognitionsforschung auch herausgefunden, dass man sogar produktiver wird, wenn man die Neunzig Minuten-Regel respektiert. Das haben Tests in Betrieben gezeigt. Man produziert also mehr, wenn man „weniger" arbeitet, sprich weniger Stunden nacheinander arbeitet.

Ab einem Alter von vierzig, fünfzig Jahren würde ich Daytrading schon allein aus dem Grund nicht empfehlen, weil die Konzentrationsfähigkeit schneller abnimmt als bei jüngeren Menschen. Viel besser ist es, eine oder zwei Stunden konzentriert an einer Sache arbeiten und dann Schluss zu machen.

Deswegen empfehle ich, täglich zwei Stunden einen bestimmten Markt oder eine Aktie mit höchster Konzentration zu scalpen. Man sollte es aber mit großen Positionen machen und in kürzester Zeit sein Geld verdienen. Das ist viel besser als mit mittleren Positionen den ganzen Tag lang zu traden, wie es die meisten Daytrader zu tun pflegen.

Alternativ kann man natürlich mittel- und langfristige Positionen in Aktien oder Märkte aufbauen. Aber das ist dann Trend Trading oder Positions Trading, und das ist natürlich ein ganz anderes Spiel. Für manche Trader ist dies der bessere Weg. Es erübrigt sich fast zu sagen, dass diese Methode eher für Menschen geeignet ist, die auch die Geduld haben, mit Tages-Charts und sogar mit Wochen-Charts zu arbeiten. Aber es kann sehr lukrativ sein, wenn man es richtig macht. Allerdings braucht man dazu ein bisschen mehr Startkapital als zweitausend Euro.

Die meisten Leute, die Geld an der Börse verdient haben, haben es so gemacht. Sie haben einfach Aktien gekauft und haben dann nicht mehr hingeschaut. Ein Freund von mir, der Unternehmer ist, hat mich neuerdings eingeladen und mich gebeten, sein Aktiendepot anzusehen. Er hat Aktien und auch Fonds. Etwa 2014 kaufte er das erste Mal. Das Depot existiert also seit neun Jahren. Der Wert dieses Aktiendepots beträgt 3,8 Millionen Euro. Er hat in dieser Zeit über 1 Million Euro Gewinn gemacht. Er hat nur gekauft. Er hat keine einzige Position verkauft. Er hat nur Aktien und Fonds gekauft und nicht mehr hingeguckt oder nur sporadisch, aber nichts gemacht. Er hatte Geld, und man könnte sich sogar die Frage stellen, warum er in einer solchen guten Börsenphase nicht mehr Gewinn gemacht hat. Er hat diesen Gewinn ohne Hebel und mit sehr konservativen Aktien erreicht. Er hatte nicht einmal Nasdaq-Aktien. Er hat hauptsächlich konservative Titel und meistens auch nur Fonds gekauft. Und er hat an der Börse diese Million verdient durch einfaches Nichtstun. Man erinnert sich an eine der bekannteren Börsensprüche des Altmeisters Kostolany „Man soll einfach Qualitätsaktien kaufen, in eine Apotheke gehen und Schlafpillen kaufen und dann einige Jahre nicht mehr hinschauen." Im Grunde genommen hat er Kostolanys Rat zu Herzen genommen, ohne ihn übrigens zu kennen. Die meisten Menschen, die ernsthaftes Geld an der Börse verdient haben, haben es auf diese Weise gemacht.

Heißt das nun, das man gar nicht traden sollte? Das habe ich nicht gesagt, denn um ein erfolgreicher Investor zu sein, braucht man eben Geld. Wer kein (ernsthaftes) Geld hat, muss es sich erst beschaffen oder erarbeiten – zum Beispiel als Trader. Also komme ich zu folgendem Schluss: Meiner Meinung nach gibt es zwei gute Möglichkeiten, an der Börse Geld zu verdienen – entweder langfristig als Investor oder sehr kurzfristig als Scalper.

2. Warum ich meistens nicht trade

Ich stelle fest, dass ich in den letzten Jahren immer weniger trade. Ich trade sogar meistens gar nicht. Das mag vielleicht überraschen, weil man die Erwartung haben könnte, dass ein Trader und sicher ein Scalper eben nur das tut: viel traden.

Früher habe ich viel mehr gehandelt und war sehr aktiv. Ich habe manchmal dreißig bis fünfzig Trades am Tag durchgeführt. Doch im Laufe der Jahre ist das immer weniger geworden. Das kann ich feststellen, wenn ich meine Kontoauszüge betrachte. Von Jahr zu Jahr wird es weniger. Man könnte sogar sagen, dass ich von Jahr zu Jahr minimalistischer geworden bin. Oft mache ich sogar nur einen Trade pro Tag. Und es gibt sogar Tage, an denen ich gar nichts mache.

Nun könnte man vielleicht denken, dass ich dadurch an der Börse auch weniger verdiene. Das Gegenteil ist jedoch der Fall. Je weniger ich trade, desto besser sind die Ergebnisse! Das hängt natürlich mit meiner Trading-Philosophie zusammen, und mit der Art und Weise, wie ich meine Scalping-Strategie durchführe. Scalping wird oft mit hyperaktiven, gar hochfrequenten Handelstätigkeiten in Verbindung gebracht. Oft wird dann der Begriff „Hochfrequenzhandel" genannt, als wäre ich ein Roboter oder ein Computer.

Seien wir doch ehrlich: Wenn ich versuchen würde, mit diesen Robotern oder Computerprogrammen zu konkurrieren, hätte ich keinerlei Chancen. Wenn du versuchst, auf diese Art und Weise zu scalpen oder sehr aktiv zu daytraden, wirst du nicht erfolgreich sein. Wenn du schon selbst tradest, dann solltest du es auf eine andere Art und Weise als die Computerprogramme tun. Denn gegen diese Programme kannst du nicht gewinnen. Ich hoffe, dass der Leser das versteht. Wenn du als Mensch im Markt agierst, musst du eine Methode finden, die die Roboter nicht verstehen. In meinem Fall ist das eben eine spezielle Scalping-Strategie. Insbesondere sind es die Auswahl der Trades, die den Unterschied machen. Ich bin selektiv geworden, das kann ein automatisches Handelssystem nicht. Es handelt nur nach den Parametern, die der Programmierer ihm auferlegt hat. Das Programm kann nicht je nach Situation „wählen" oder „selektiv" sein.

Weil ich das als menschlicher Trader sehr wohl kann, habe ich die Möglichkeit, selektiv vorgehen. Ich kann mich auch an manchen Tagen, an denen ich keine guten Chancen beobachte, entscheiden, nicht zu traden. Das kann ein Roboter nicht.

Warum trade ich dann nicht oft?

Weil meine Bedingungen für einen Trade nicht erfüllt sind. Leider traden in dem Fall nicht wenige Trader dennoch, obwohl sie wissen, dass sie besser an der Seitenlinie stehen sollten. Aber der Drang, traden zu wollen, ist zu stark, insbesondere bei Anfängern natürlich. Und das ist verständlich. Ob es klug ist, ist eine andere Sache. Und wenn es eine Definition von „Erfahrung" im Trading gibt, dann wäre diese, dass man „klüger" wird. Das bedeutet nicht, dass man mehr weiß. Aber man hat gelernt, Situationen zu erkennen, die zu einem Verlust führen könnten. Man hat das natürlich deswegen gelernt, weil man in diesen Situationen immer wieder Verluste gemacht hatte. Man hat gehandelt, obwohl man klar erkannt hatte, dass es besser gewesen wäre, nicht zu handeln.

In meinem Fall ist es so, dass ich erst in den Markt einsteige, nachdem es eine große Bewegung nach unten oder nach oben gegeben hat. Wenn der Markt schließlich den Punkt erreicht, an dem ich vermute, dass die Bewegung zu Ende ist und eine Gegenbewegung zu erwarten ist, dann bin ich interessiert. Solange wir diesen Punkt noch nicht erreicht haben, gehe ich nicht in den Markt. Das erfordert natürlich Geduld, die man am Anfang seiner Trader-Karriere nicht hat. Auch ich hatte in den ersten Jahren keine Geduld. Ich wollte immer aktiv sein, immer etwas tun. Ich dachte, je mehr ich trade, desto mehr Geld verdiene ich. In den meisten Fällen ist das Gegenteil jedoch wahr. Oft ist es so, dass je weniger du machst und je geduldiger du bist, und wenn du nur dann in den Markt einsteigst, wenn alle deine Bedingungen erfüllt sind, desto besser werden deine Ergebnisse.

Bedeutet das, dass ich nur Gewinn-Trades habe? Nein, natürlich nicht. Wie jeder andere Trader habe ich Verlust-Trades. Und ich finde es auch nicht angenehm, Verluste einstecken zu müssen. Allerdings weiß ich aus Erfahrung, dass es sich lohnt, wenn ich richtig liege. Als Scalper gehe ich mit einer recht großen Position in den Markt und das macht sich häufig bezahlt. Meistens reicht dann auch ein einzelner Trade, um mein Tagesziel zu erreichen. Und darum geht es letztendlich.

Es ist also überhaupt nicht notwendig, als Scalper zwanzig, dreißig, fünfzig oder gar hundert Trades am Tag zu machen. Der Markt bietet in der Regel nicht so viele gute Chancen pro Tag. Es gibt in jedem Markt meist ein oder zwei gute Chancen, und oft nur eine Chance von guter Qualität. Diese möchte ich finden, diese möchte ich nutzen.

Erwische ich sie immer? Natürlich nicht. Doch im Laufe der Jahre bin ich gelassener geworden und fühle mich mit diesem Trading-Stil inzwischen wohl.

Mir ist bewusst, dass dieser Art von Minimalismus nicht jedermanns Sache ist. Manche sagen sogar: „Damit kann man doch seinen Lebensunterhalt nicht verdienen." Okay, aber ich fühle mich wohl mit diesem Ansatz und für mich reicht es, weil ich meine Positionsgrößen nach und nach gesteigert habe. Ich sage auch nicht, dass ich jedem empfehle, das was ich tue, zu kopieren. Ich sage nur, dass dieser Ansatz das Ergebnis meiner Erfahrung ist, und das ist das Entscheidende. Wenn du die Trades, die du in der Vergangenheit gemacht hast gründlich analysierst (und ich würde definitiv empfehlen, dies hin und wieder zu tun), dann schau, ob die Trades genau deine Bedingungen erfüllt haben. Wenn ein Trader am Ende des Tages oder vielleicht am Wochenende auf die Charts zurückblickt und seine Trades der Woche analysiert, wird er feststellen, dass die meisten Trades, die er gemacht hat, besser nicht hätte machen sollen.

Zusammenfassend lässt sich sagen, dass ich im Laufe der Jahre eine Art *Scharfschützenmentalität* entwickelt habe. Ich hoffe der Leser verzeiht mir dieses Bild, aber es trifft es ziemlich genau. Was ist die Aufgabe eines Scharfschützen? Er muss vor allem warten. Scharfschützen liegen stundenlang, in manchen Fällen sogar tagelang auf der Lauer und warten, bis das Ziel auftaucht. Der richtige Moment muss kommen und alles muss passen und stimmen, bevor er den Abzug betätigt. Das Bild eines Scharfschützen gefällt mir, wenn ich an meine Tätigkeit als Scalper denke. Auch ich muss manchmal lange warten, bis der richtige Moment kommt. Aber dann bin ich bereit und ziele ab. Und entweder treffe ich (mache Gewinn) oder eben nicht. Aber ich habe gewartet, bis meine Bedingungen erfüllt waren und bin erst dann in den Markt eingestiegen.

Es wundert dem Leser wohl nicht, dass ich gerne Filme schaue, in denen Scharfschützen auftauchen. Es gibt großartige Filme, wie zum Beispiel *American Sniper* (2014) oder *Der Schakal* (1973) nach dem gleichnamigen Buch von Frederick Forsythe. Dieser Scharfschütze bereitet sich nicht stundenlang, sondern wochenlang vor. Er überschreitet sogar mehrere Landesgrenzen, er benutzt mehrere Identitäten, um seine Spuren zu verwischen, bis er endlich dort eintrifft, wo sein Opfer erscheinen wird. Ich weiß, das sind Stories, und die Realität eines echten Scharfschützen mag anders aussehen. Trotzdem: Ich fühle mich, wenn ich mir solche Filme anschaue, ein wenig, als wäre ich selbst der Scharfschütze. Man muss warten können, bis alles stimmt, bis die Bedingungen erfüllt sind, und dann den Abzug drücken.

3. Täglich 1.000 Euro an der Börse verdienen – geht das überhaupt?

Ich bin von einigen kritisiert worden, weil ich gesagt habe: „Wenn du mit meiner Scalping-Methode handelst, solltest du anstreben, täglich 1.000 Euro an der Börse zu verdienen." Manche haben mich sogar heftig angegriffen, weil ich es gewagt habe, so etwas zu sagen. Es sei unseriös, es sei nicht möglich.

Was kann ich dazu sagen? Zunächst einmal habe ich natürlich nicht gemeint, dass ein Trader *jeden* Tag genau 1.000 Euro oder 1.000 Dollar aus den Märkten herausholen kann – das ist natürlich Unsinn. Es gibt Tage, an denen er vielleicht 300 Euro verdient, und dann gibt es Tage, an denen er 400 Euro verliert. Und dann gibt es wieder einen Tag, an dem er 2.000 oder gar 5.000 Euro verdienen kann. Alles ist möglich.

An der Börse wird man nicht wie ein Angestellter bezahlt. Die Gewinne sind asymmetrisch – manchmal gibt es viel, manchmal gibt es wenig, und manchmal verliert man. So einfach ist es.

Die Kunst besteht darin, dass am Ende die Summe der Gewinne höher ist als die Summe der Verluste. Mehr gibt es dazu nicht zu sagen. Und wenn ich dann sage: „Mein Tagesziel ist 1.000 Euro", was ist daran falsch? Warum muss man das kritisieren?

Ich habe mich gefragt, was eigentlich hinter dieser Kritik steckt: „Das ist nicht seriös" oder „Das ist Unsinn, das gibt es nicht!" Ich denke, dahinter steckt etwas, was man

„Scarcity Mindset" nennt, also eine Mentalität oder eine Einstellung, die davon ausgeht, dass alles in dieser Gesellschaft auf Knappheit beruht. Es gibt nicht genug für jeden und schon gar nicht genug Geld. Diese Meinung, die nicht wenige haben, ist problematisch. Statt davon auszugehen, dass wir in einer Welt des Überflusses leben, in der es unendlich viele Möglichkeiten, Optionen und auch Geld gibt, glauben nicht wenige Leute, dass wir in einer Welt leben, in der alles knapp ist.

Es gibt auch genügend ökonomische Theorien, die das zu erklären versuchen. Der Marxismus ist nur ein Beispiel. Wenn man sich die Medien anschaut und alles, was von offizieller Seite, vonseiten der Regierungen usw. erzählt wird, geht es immer um Knappheit: Es gibt nicht genug, es gibt zu wenig Geld. Also muss es „fair" oder „solidarisch" verteilt werden. Mit diesen Mythen versucht man die Schäfchen ruhig zu halten.

Schaut man sich etwas genauer um, erkennt man, dass das einfach nicht wahr ist. Überall sieht man Reichtum und Überfluss. Die Supermärkte sind voll und müssen sogar täglich Essen wegwerfen. Das Land ist voller Häuser und Villen, vor denen teure Autos stehen. Fast jeder geht mehrmals im Jahr auf Reisen und fährt im Winter in den Skiurlaub. Und schaut man sich an, wie viel Geld die Zentralbanken in den letzten Jahren geschöpft haben, kann man die Zahl kaum noch fassen. Zu behaupten, es gäbe nicht genug Geld, ist geradezu lächerlich, wenn man Billionen aus dem Nichts erschaffen und dieses Geld als real erklären kann. Im Vergleich dazu sind 1.000 Euro oder

1.000 Dollar wirklich gar nichts.

Ich selbst hatte dieses fehlende Selbstvertrauen in Bezug auf Geld in meinen Anfangsjahren genauso. Fast jeder hat es. Wie kann es auch anders sein, wenn man wie die meisten in kleinbürgerlichen Verhältnissen aufwächst, in denen jeder Euro „hart erarbeitet" werden muss. Am Ende glaubt man diesem Märchen und verhält sich dementsprechend.

Ich hatte nicht viel Geld zum Traden zur Verfügung. Und deshalb habe ich immer versucht, kleine Trades zu machen, 15 Euro hier, 20 Euro da. Ich dachte, ich würde mein Minikonto auf dieser Weise nach und nach aufbauen. Das war meine Vorstellung. Ich hatte nur ein paar Tausend Euro zur Verfügung, und ich dachte, wenn ich ein guter Trader werde und genügend solche Minitrades mache, dann wird es irgendwann klappen.

Kommt dir das bekannt vor?

Am Anfang ist das vielleicht noch richtig. Wenn man noch unsicher ist in Bezug auf die eigene Handelsmethode und das Gefühl hat, man sitzt noch nicht wirklich fest im Sattel, dann ist es auch nicht falsch, kein zu großes Risiko einzugehen – auf jeden Fall. Ich sage also nicht, dass man gleich als Anfänger solche Tagesziele haben sollte.

Das Problem ist, wenn man in dieser Mentalität steckenbleibt, wenn man weiterhin mit kleinen Volumina, mit kleinen Positionen handelt, bleibt man in dieser „Knappheitsmentalität". Mit anderen Worten: Man programmiert sein Gehirn darauf, immer nur Mini-Gewinne anzustreben. Man denkt, dass am Tag sowieso nicht viel für einen herausspringen kann, vielleicht 100 Euro, und das wäre dann schon ein guter Tag.

So funktioniert es aber nicht. „Wenn schon Schweinefleisch, dann muss es triefen. Wenn schon Börse, dann muss es sich auch lohnen!" ist auch einer der Sprüche des Altmeisters Kostolany. Man muss diese Barriere im Kopf durchbrechen und sich sagen: „Wenn ich schon so etwas Verrücktes wie Trading mache, dann soll es sich auch lohnen. Also würde ich nicht für weniger als 1.000 Euro am Tag gehen". Dadurch programmiert man sich auf Summen, die man mit herkömmlichen Jobs nicht verdienen kann. Es gibt meines Erachtens keinen anderen Grund an die Börse zu gehen.

Wie viel verdienen die meisten Menschen im Monat? 2.000, 3.000 Euro? Im besten Fall 4.000 oder 5.000 Euro? Netto. Und das sind schon sehr gut bezahlte Jobs. Das sind sozusagen die Limits, die einem von der Gesellschaft vorgegeben werden.

Warum ist das so?

Warum kann man nicht 25.000 Euro verdienen? Oder 70.000 Euro im Monat? Warum gibt es diese Limits? Wer hat eigentlich festgelegt, dass man genau das verdient, was man in etwa für seinen „Lebensunterhalt" braucht? Wer hat das eigentlich eines Tages bestimmt?

Genau diese Vorgaben programmieren uns auf dieses Denken in kleinen Maßstäben. Wenn man jemals richtig Geld an der Börse verdienen will, muss man diese Denkweise eines Tages überwinden. Das ist der Grund, warum ich kein Problem damit habe zu sagen: „Lass uns als Ziel setzen, in absehbarer

Zeit, durchschnittlich 1.000 Euro am Tag an der Börse zu verdienen. Das wäre für mich ein realistisches Ziel". Und das ist noch nicht mal besonders viel. Aber mit einem solchen Ziel durchbricht man bereits die Vorgaben und Programmierungen, die uns von der Gesellschaft auferlegt wurden.

4. Welche Märkte soll ich traden?

Häufig höre ich die Frage: Welche Märkte oder welche Aktien soll ich traden? Da es an der Börse sehr viele und unterschiedliche Produkte zum Traden gibt, ist es kein Wunder, dass manche Trader verwirrt und unsicher sind. Die meisten Aktien lohnen sich schlichtweg nicht zu traden, weil die notwendige Liquidität nicht vorhanden ist, um sie gut traden zu können. Du bekommst einfach keinen guten Preis. Das Gleiche gilt für die meisten ETFs. Bei vielen Optionen sind die Spreads zu hoch und auch in manchen Futures ist das Orderbuch nicht tief genug.

Ich muss in diesem Zusammenhang an den Spruch meiner ehemaligen Schwiegermutter denken. Sie pflegte zu sagen: „Man muss es sich leisten können, billiges Zeug zu kaufen." Dieser Spruch hört sich vielleicht blöd an, aber es steckt ein Kern der Wahrheit drin. Unsere Erfahrungen zeigen doch, dass es sich meistens nicht lohnt, zum Beispiel billige Kleidung zu kaufen. Sie geht schneller kaputt und letztendlich hast du nicht lange etwas davon. Daher lohnt es sich, in Qualität zu investieren und jahrelang davon zu profitieren. Eine Freundin hat mir vor Jahren mal ein Hemd von Boss gekauft. Ich habe es elf Jahre getragen, und es sah nach dieser Zeit immer noch gut aus! Wenn man für Qualität geht, gibt man sogar weniger Geld aus, als wenn man immer das Billigste kauft.

Und so ist es auch an der Börse. Du musst es dir leisten können, billiges Zeug zu traden. Warum solltest du zweit- oder drittklassige Aktien oder Märkte traden? Das kannst du dir nicht leisten. Du solltest nur die allerbesten Märkte traden, die es an der Börse gibt. Bezüglich Aktien reden wir hier natürlich von den Amazons, den Apples und den Alphabets dieser Welt. Selbstverständlich gibt es viel mehr tolle Aktien als die Tech-Giganten, die jeder kennt. Aber wenn ich nur eine Aktie traden dürfte, würde ich eine von den sogenannten „Big Five"-Aktien traden: Alphabet, Apple, Amazon, Meta oder Microsoft. Und dies aus gutem Grund: Diese Aktien werden nicht nur von Kleinanlegern, sondern vor allem von den großen Fondgesellschaften der Welt gehandelt. Das bedeutet, dass das Orderbuch tief ist, und dass der Trader zu jeder Zeit seine Aktien zu einem guten Preis kaufen und verkaufen kann.

Dieser Umstand ist umso wichtiger, wenn du vorhast, Aktien zu scalpen. Diese Aktien kann man scalpen, weil der Spread niedrig ist (oft nur ein Cent zwischen Bid und Ask). Das gilt genauso, wenn man Futures oder CFDs auf Aktienindizes wie zum Beispiel den DAX oder den Nasdaq tradet oder scalpt. Wer scalpen will, ist gut beraten, sich auf die Hauptmärkte zu fokussieren. Mein Hauptmarkt ist der Dow Jones Future, den man gut nach Börseneröffnung in New York traden kann. Dieser Markt hat wunderbare, große Bewegungen. Wenn man ein gutes Drehmoment erwischt, kann man schnell 50 bis 60 Punkte mitnehmen, und zwar in wenigen Minuten. Das lohnt sich dann wirklich.

Ein wichtiger Aspekt dabei ist das prozentuale Verhältnis zwischen dem Spread, den man zahlen muss (Unterschied zwischen An- und Verkaufspreis) und der

Tagesspanne des Marktes. Hat der Markt, den der Trader handelt, eine Tagesspanne von 100 Punkten und einen Spread von zwei Punkten bedeutet dies, dass der Spread zwei Prozent der Handelsspanne beträgt. Das scheint mir gerade noch vertretbar. Trade ich dagegen einen Markt wie den Dow Jones und habe ebenfalls einen Spread von zwei Punkten, sieht die Berechnung schon ganz anders aus. Aktuell hat der Dow eine Tagesspanne von 339 Punkten. Das bedeutet, dass der Spread hier lediglich 0,59 Prozent der Handelsspanne beträgt. Somit hat der Trader, der den Dow Jones tradet, einen klaren Vorteil gegenüber dem Trader, der einen Markt handelt, der nur eine Handelsspanne von 100 Punkten hat. Deswegen sind Liquidität, Spread und Kommissionen wichtige Faktoren für den Trading-Erfolg. Je niedriger, desto besser.

Das gleiche gilt auch für einige Währungsmärkte wie den EUR/USD und gelegentlich den USD/CHF oder den USD/YEN. Auch bei den Währungen würde ich mich auf die sogenannten „Majors" beschränken und keine „Minors" traden. Ja, in einem Paar wie zum Beispiel GBP/JPY kann man gelegentlich großartige Bewegungen beobachten. Aber wie hoch ist der Spread in diesem Markt bei deinem Broker?

Wenn du lieber Indizes tradest, dann fokussiere dich auf die bekanntesten unter ihnen: Dow Jones, Nasdaq, E-Mini, in Europa den DAX, CAC40 und FTSE100, und in Asien den Hang Seng und den Nikkei 225.

Ich würde mich auf zwei, drei große Märkte beschränken und versuchen, nur diese zu traden oder zu scalpen. Das sollte vollkommen ausreichen. Wähle Märkte mit der höchsten Liquidität. Es macht keinen Sinn, sich mit einer Aktie zu beschäftigen, mit der sich auf der ganzen Welt vielleicht nur fünfhundert oder meinetwegen tausend Leute beschäftigen. Meist ist die Liquidität bei einer solchen Aktie viel zu niedrig. Es braucht nur ein einziger großer Player hereinzukommen. Durch eine kleine Bewegung holt er deinen Stop aus dem Markt heraus, und schon hast du einen Verlust. So etwas passiert in den großen liquiden Märkten nicht so schnell. Hier haben sogar die großen Player Mühe, den Markt um wenige Ticks nach oben oder nach unten zu bewegen. Technische Analyse funktioniert hier auch besser, aber natürlich auch nicht immer. Auch hier musst du gelegentlich mit Fake-Bewegungen, also Scheinbewegungen oder Fehlausbrüche rechnen. Das gibt es in allen Märkten heutzutage.

Als Daytrader kann man natürlich bei einer weniger liquiden Aktie hier und da ein Schnäppchen schlagen. Aber ganz ehrlich, wenn du die großen Indizes nicht traden kannst, dann wirst du wahrscheinlich auch die kleinen Aktien nicht traden können. Traden läuft ja immer nach den gleichen Prinzipien ab.

Es gibt noch einen anderen Grund, weshalb du dich auf die allerbesten Märkte beschränken solltest. Wenn du immer wieder auf dem gleichen Markt handelst, kannst du besser und schneller Expertenwissen erzielen. Du lernst die Eigenarten dieses Marktes kennen und genau das ist beim Traden und Scalpen sehr wichtig. So bekommst du einen Vorteil gegenüber anderen Marktteilnehmern, die nur gelegentlich in diesen Markt einsteigen. Wir müssen als Trader immer versuchen, alle

möglichen Vorteile zu finden, um die Chance auf einen Gewinn
zu erhöhen.

5. Brauche ich ein klares Regelwerk zum Traden?

Eine Frage, die ich von einem Trader bekomme habe, lautet, ob es wichtig ist, klare und präzise Regeln zu haben, wenn man erfolgreich traden möchte. Wenn du nicht genau weißt, wo du ein- und aussteigen sollst und wie du den Stopp setzen musst, solltest du erst gar nicht mit dem Traden beginnen. Mit anderen Worten, man sollte in der Lage sein, die Regeln genau zu beschreiben, wann man eine bestimmte Strategie durchführen will. Kurz gefasst lautet die Forderung: Wenn man traden möchte, braucht man klare Regeln.

In diesem Zusammenhang erhielt ich eine E-Mail von einem Trader, der meinen Scalping-Kurs gekauft hatte und unzufrieden damit war. Ich möchte auf die Kritik dieses Traders eingehen, weil ich sie wichtig und interessant finde. Er hat mir vorgeworfen, dass mein Kurs ihm kein klares Regelwerk bot. Er hat mir sogar gesagt: "Weil du das nicht tust, ist das, was du anbietest, nicht seriös."

Ich habe ihm natürlich geantwortet und versucht, mit ihm darüber ins Gespräch zu kommen. Der Vorwurf dieses Traders war, dass ich ihm im Kurs nicht genau gesagt habe, wann er einsteigen sollte (den Ausstieg erwähnte er in seinem Mail nicht).

Ich möchte den Vorwurf dieses Traders anhand eines Beispiels veranschaulichen. Angenommen ich würde sagen: „Wenn der

DAX an einem bestimmten Handelstag um mehr als 0,4 % fällt, und wenn die nächsten zwei Kerzen im Chart kein neues Tief mehr bilden, dann gehe Long". Die Frage des Traders wäre dann in dem Fall: „Soll ich warten, bis sich die zweite Kerze vollständig gebildet hat? Oder kann ich bereits einsteigen, während sich die zweite Kerze, die Konsolidierungskerze, noch bildet?" Das ist eine Detailfrage, aber für ihn war sie wichtig. Meine Antwort darauf wäre: „Es ist im Grunde genommen egal."

Es mag überraschen, dass ich mich traue, so etwas zu sagen, aber ich glaube wirklich, dass es egal ist. Denn manchmal wirst du richtig liegen, wenn du wartest, Long zu gehen, bis sich die zweite Kerze vollständig gebildet hat. Und manchmal wirst du richtig liegen, wenn du nicht wartest. Es könnte gut sein, dass der DAX dann die erwartete Gegenbewegung macht und deine Trading-Idee aufgeht. Wenn du zu lange wartest, wirst du vielleicht keine Ausführung bekommen. Oder in einem anderen Fall wirst du eine Ausführung bekommen, aber der DAX fällt trotzdem weiter und dein Stop wird erreicht. All diese Szenarien sind bekanntlich möglich. Mit anderen Worten, es ist nicht vorhersehbar, was passieren wird, wenn man eine Position eröffnet.

Versuchen wir das nochmal ganz klar zu fassen. Gesetzt, der Trader würde nach einem solchen Muster traden (das ist nicht meine Herangehensweise), er wäre immer auf die Suche nach genau diesem Muster. Nun wissen wir, dass zu jeder Zeit alles möglich ist am Markt. Er kann weiter nach unten gehen, er kann stundenlang seitwärts gehen oder drehen und sofort wieder nach oben gehen und den 0,4 % Tagesverlust einfach wieder wettmachen, zum Beispiel in Form einer V-Formation. All das ist möglich und denkbar.

Wenn man das einmal begriffen hat, dann ist das einzige, was du als Trader tun kannst, *eine probabilistische Einschätzung treffen*. Was heißt das? Du musst die Frage beantworten: Was ist das wahrscheinlichste Szenario in dieser Situation? Was wäre das Denkbare hier? Und das ist *immer* eine Frage der Einschätzung, nicht eine Frage von exakten Vorgaben. Manchmal wirst du mit dieser Einschätzung richtig liegen und Geld verdienen. Und manchmal wirst du nicht richtig liegen, dann wird dein Stop erreicht und du hast einen Verlust. Jeder Trader, der nur ein wenig Erfahrung hat, versteht das.

Und deshalb ist es naiv, von mir zu erwarten, dass ich dir sagen kann: „Fällt der Markt um 0,4 % und bildet dann zwei Kerzen, die kein neues Tief markieren, dann geh nach der zweiten Kerze Long. Das ist die richtige Art zu traden!"

Glaubt irgendjemand wirklich, dass das so einfach ist? Du kannst dir jedes erdenkliche Szenario ausdenken, und dann eine Theorie darüber entwickeln, was dann passieren müsste. Jeder, der nur über ein bisschen Trading-Erfahrung verfügt, weiß, dass es eben nur eine Theorie ist, und dass der Markt dich jederzeit eines Besseren belehren kann.

Nun, was steckt hinter der Forderung dieses Traders, der mir diese E-Mail geschickt hatte? Ich habe einige Tage darüber nachgedacht. Was verbirgt sich hinter dem Wunsch oder der Forderung nach klaren Trading-Regeln? Man hört das überall, es wird von allen Seiten gefordert. Was ist das eigentlich?

Wenn du deine Trading-Regeln genau formulieren kannst, dann kommt folgender Satz: „Dann kannst du deine Strategie auch backtesten." Wenn du deine Trading-Regeln so präzise formulieren kannst, dann kannst du diese Strategie oder Trading-Idee in den Computer eingeben und sie backtesten.

Nehmen wir das vorherige Beispiel mit dem DAX: Wenn der DAX an einem Handelstag um 0,4 % oder mehr fällt und er bildet im Fünf-Minuten-Chart zwei Kerzen lang kein neues Tief mehr, dann gehe Long (kaufe den Markt), nachdem die zweite Kerze beendet ist. Das könnte man programmieren, denn das sind genaue Vorgaben oder Trading-Regeln. Du könntest basierend auf dieser Idee ein kleines Handelssystem entwickeln und es dann zum Beispiel zehn oder 15 Jahre lang im DAX-Future backtesten, um zu sehen, welche Ergebnisse dabei herauskommen.

Wenn du das kannst, wenn du deine Trading-Idee so präzise formulieren und deine Einstiegs- und Ausstiegsregeln sowie dein Risikomanagement so genau festlegen kannst, dann frage ich dich: Warum lässt du nicht gleich den Computer die Arbeit verrichten? Warum solltest du dann noch selbst traden, wenn du so genau weißt, wann der DAX steigen oder fallen wird?

Diese Frage sollte doch erlaubt sein. Wenn man so genau bestimmen und definieren kann, wann man in den Markt geht (und wieder raus), gibt es eigentlich keinen Grund, selbst zu traden, oder *diskretionär* zu traden, wie man so schön sagt. Dann schlage ich vor, dass der Trader auf Basis dieser Vorgaben ein Handelssystem entwickelt. Er könnte, um die Profitabilität zu erhöhen, ein oder zwei Filter einbauen. Zum Beispiel könnte er sagen: Wenn sich der Markt übergeordnet in einem Aufwärtstrend befindet, sollte das System nur Long-Positionen eingehen. Das wäre ein Filter. Umgekehrt befindet sich der Markt übergeordnet in einem Abwärtstrend, sollte das System nur Short-Positionen eingehen. Diese Vorgaben dienen dazu, die Profitabilität des Systems zu erhöhen, wenn man von der Theorie ausgeht, dass Short-Positionen in einem Aufwärtstrend weniger profitabel sind als Long-Positionen. Darüber hinaus kann der Systementwickler festlegen, wie lange die Position im Markt bleiben soll. Wenn die Position nach X Minuten keinen Gewinn erzielt, soll sie geschlossen werden. Das nennt man einen Zeit-Stop. Wie man sieht, kann man bei der Systementwicklung verschiedene Filter verwenden. Der Computer führt diese Vorgaben ohne Wenn und Aber aus. Der Trader kann das Feintuning des Systems nach Bedarf vornehmen. Wenn man so genau weiß, was zu tun ist, wenn man „glasklare Trading-Regeln" hat, gibt es überhaupt keinen Grund, selbst zu traden. Der Computer erledigt das für dich.

Ist der Trader jedoch der Meinung, dass er bessere Ergebnisse erzielen kann, wenn er selbst tradet und es nicht einem automatischen Handelssystem überlässt, dann muss er etwas anders tun als das, was die Maschinen machen. Er muss auf eine andere Art und Weise traden. Und das ist genau das, worum es mir ging und worum es auch in dem Kurs geht.

Der Kurs richtet sich nicht an Systementwickler. Er ist für diejenigen Trader gemacht, die der Ansicht sind, dass wenn sie es selbst machen, sie es wahrscheinlich besser als der Computer machen. Die Ergebnisse basieren auf bestimmten Erfahrungswerten, die ich habe. Wenn der Trader ein bestimmtes Muster hunderte Male tradet, wird er möglicherweise besser darin, den Markt einzuschätzen, als wenn er es dem Computer überlassen würde. Der Computer „lernt" in dem Sinne nicht. Er sammelt keine Erfahrung. Er führt nur das aus, was du ihm aufgetragen hast. Tradet der Trader selbst, wird er dennoch Verluste haben, genauso wie das automatische Handelssystem. Glaubt er, dass der Computer besser traden kann als er selbst, dann sollte er eben nicht selbst traden. Glaubt er dagegen, dass sich seine Ergebnisse verbessern werden aufgrund von Beobachtungen, die er im Laufe des Trading-Prozesses macht, dann kann er es wagen, selbst die Trades auszuführen.

Ich verstehe die Frage des Traders, der mir diese kritische Mail geschrieben hat, nur zu gut. Viele Trader kämpfen mit der Frage nach den genauen Einstiegs- und Ausstiegsregeln. Im Grunde weiß jeder Trader, dass der Markt ein chaotisches Gebilde ist. Jeder, der Trading-Erfahrung hat, weiß, dass man trotz guter Kriterien, Mustererkennung und Informationen immer Verluste haben wird – mit oder ohne Computer. Wenn jemand also glaubt, dass ich oder irgendein anderer Trader etwas anbieten kann, was fast immer funktioniert und garantiert Gewinne bringt, dann hat man – Entschuldigung – eine kindliche, naive Weltsicht bezüglich

Trading. Dann hat man noch nicht wirklich verstanden, wie es an der Börse läuft.

Ich hoffe, dass ich mit diesen Gedanken die Forderung des Traders etwas klarstellen konnte. Die Forderung nach einem klaren Regelwerk ist eigentlich naiv. Es ist die Forderung, etwas zu bekommen, das wie der Heilige Gral klingt, also etwas, das fehlerlos funktioniert oder nur sehr wenige Verlust-Trades hat und jeden Tag Gewinne liefert.

Vermutlich wird der Trader, der mir diese Mail geschrieben hat, woanders hingehen und nach seinem klaren Regelwerk suchen. Er wird es vielleicht finden. Vielleicht. Ich würde ihm empfehlen: Wenn du diese Einstellung hast, dann ist es meiner Meinung nach besser, sich mit automatischen Handelssystemen auseinanderzusetzen und auf diese Weise Börsenhandel zu betreiben. Diskretionäres Trading ist dann nichts für dich. Dennoch möchte ich betonen, dass die Frage wichtig ist, denn die Zeit, die aufgewendet wird um selbst zu traden ist beachtlich. Ist dagegen das automatische Handelssystem einmal programmiert, könnte der Trader sozusagen in den Urlaub fahren und den Computer arbeiten lassen. Das es dann doch nicht so einfach ist, erzählen uns die erfahrenen Systementwickler selbst. Die meisten von ihnen können eben nicht in den Urlaub fahren. Sie haben ein scharfes Auge auf die Transaktionen, die ihre Programme durchführen und sie müssen immer wieder eingreifen, weil die Systeme „plötzlich" Verlustreihen produzieren, die kein Mensch so produzieren könnte, selbst wenn er sich anstrengen würde. In dem Sinne ist die Arbeit mit automatischen Handelssystemen

genauso aufwendig wie wenn man selbst jeden einzelnen Trade
am Markt durchführt.

genauso aufwendig wie wenn man selbst jeden einzelnen Trade
am Markt durchführt.

6. Wie entwickelst du eine einfache Scalping-Strategie?

Auf Social Media und auf Trading-Websites findet man unzählige Daytrading- und Scalping-Strategien. Meist arbeiten sie mit Indikatoren. Ich habe nichts gegen diese Strategien, vielleicht funktionieren sie und erwirtschaften für diejenigen, die sie benutzen Geld.

Nach mittlerweile fast zwanzig Jahren Scalping ist meine Erfahrung, dass man es so einfach wie möglich halten sollte. Die Börse ist ein komplexes Thema. Du bekommst, wenn du an der Börse handelst, ständig Informationen von allen möglichen Quellen, die du verarbeiten musst. Du bekommst Information von Nachrichtensendern oder News-Sites und sogar in deiner Trading-Plattform selbst. Auch die Charts selbst liefern dir ständig Informationen und zwar jede Sekunde, in der du hinschaust.

Das Gehirn eines Traders muss das alles verarbeiten. Das ist etwas, was viele Trader unterschätzen. Je mehr und je länger du auf einen Bildschirm und vor allem auf Charts schaust, desto mehr Informationen muss dein Gehirn verarbeiten. Charts ändern sich ständig, vor allem, wenn man in kleineren Zeitrahmen unterwegs ist, was bei Daytradern und Scalpern ja der Fall ist. Scalper werden ständig mit unglaublich vielen neuen Informationen konfrontiert, die sie verarbeiten müssen. Und das ist der Grund, weshalb man, wenn man eine

Scalping-Strategie entwickelt, versuchen sollte, sie so einfach wie möglich zu halten.

Meine eigene Entwicklung als Scalper ist ein Weg gewesen, der es darauf abgesehen hat, es immer noch einfacher hinzubekommen, als ich es bereits tat. Und selbst heute befinde ich mich immer noch in diesem Prozess, obwohl ich ziemlich weit gekommen bin. Viel einfacher kann man es fast nicht mehr machen. Man glaubt vielleicht, dass die Einfachheit am Anfang stehen sollte. Aber sie ist gerade das Ergebnis eines Prozesses. Die wahre Einfachheit wird erreicht, wenn man sich mit der Komplexität auseinandergesetzt hat. Man ist ihr nicht aus dem Weg gegangen, aber man hat aus ihr gelernt und hat dann aus ihr Schlüsse gezogen. In diesem Sinne möchte ich mit Goethe sagen: „In der Beschränkung zeigt sich erst der Meister." Deswegen möchte ich fünf Schritte vorschlagen, wie man seine Scalping-Strategie vereinfachen kann.

Schritt eins: die Charts

Selbstverständlich gibt es Scalping-Strategien, die nicht mit Charts arbeiten, aber ich bin ein typischer Chart-Trader. Ich arbeite mit Charts, ich lebe mit Charts und für mich ist die Börse fast gleichzusetzen mit der Analyse und Betrachtung von Charts und darauf, als Scalper zu reagieren und hoffentlich einen Gewinn aus dem Markt zu holen. Mein Weg zur Vereinfachung der Charts war die Entdeckung des Heikin Ashi Charts. Als ich diesen Chart-Typ eines Tages gefunden habe, war für mich klar, ich muss mit Heikin Ashi Charts traden und mit nichts anderem. Selbstverständlich, wenn man mit Candlestick-Charts tradet, kann man auch sehr erfolgreich sein. Ein Trader, der auf Basis der Technischen Analyse handelt, ist mit Candlestick Charts gut bedient, weil dieser Chart-Typ alles zeigt, was er wissen muss, um erfolgreich zu traden.

Wenn der Trader Scalper ist, braucht er einen Chart, der ihm möglichst genau zeigt, wo er einsteigen und wo er wieder aussteigen muss. Das kann der Heikin Ashi Chart sehr gut, weil er eine Darstellung des Kursverlaufs ist, der gleichzeitig sowohl die Price Action als auch die aktuelle Tendenz des Marktes zeigt. Es ist ganz einfach: Sind die Candles grün, dann steigt der Markt. Sind sie rot, dann fällt der Markt. Der Heikin Ashi Chart ist, man könnte sagen, ein Indikator und ein Chart in einem. Und das ist genial. Wenn du mit dem Heikin Ashi Chart arbeitest, brauchst du keine Indikatoren mehr. Das ist der Hauptgrund, weswegen ich sie nutze und weswegen ich glaube, dass sie eine Vereinfachung in einer Scalping-Strategie bringen.

Und da kommen wir gleich zum zweiten Schritt: Indikatoren.

Als ich vorhin sagte, der Trader braucht keine Indikatoren mehr, wenn er mit dem Heikin Ashi Chart arbeitet, dann heißt der zweite Schritt: Alle Indikatoren weglassen. Er braucht sie nicht. Warum nicht? Je mehr er Indikatoren hinzufügt, desto schwieriger wird die Entscheidungsfindung. Wenn es beim Scalping darauf ankommt, in der Sekunde eine Entscheidung zu treffen, dann darf nichts dafür im Wege stehen. Hat der Trader einerseits einen Chart, der „A" sagt und drunter einen Indikator, der „B" anzeigt, dann hat er ein Problem. Sein

System gibt ihm eine zweite Information, die der ersten widerspricht. Dann muss er entscheiden, welchen von den beiden er folgen wird. Gehen beide einher, dann hat er Glück. Aber das ist nicht immer der Fall. Wer Erfahrung mit Indikatoren hat, weiß auch, dass sie dem Preisgeschehen hinterherlaufen. Das kann auch nicht anders sein, denn sie werden ja auf Basis der Daten aus der Vergangenheit berechnet. Deswegen kann man sie als Scalper kaum gebrauchen, denn ein Scalper muss Entscheidungen treffen auf Basis dessen, was jetzt – in dieser Sekunde – geschieht.

Der dritte Schritt: Überinterpretation

Überinterpretation ist ein Riesenthema an der Börse. Man würde nicht glauben, welche Gedanken durch den Kopf eines Traders gehen, bevor er überhaupt eine Transaktion durchführt. Manche würden Monate in den Archiven verbringen in der Erwartung, dass sie dort etwas finden, das ihnen einen Grund gibt zu kaufen oder nicht zu kaufen. Banken haben ganze Abteilungen, in denen sehr kluge Leute nichts anderes tun, als jeden Stein eines Unternehmens umzudrehen und sich jede Schraube und jeden Bleistift im Unternehmen anzugucken, um sicher zu gehen, dass man über alle denkbaren Informationen verfügt, bevor man eine Handelsentscheidung trifft. All diese Informationen sind natürlich längst im Kurs der Aktien eskomptiert. Das heißt, im Chart sind alle Informationen verarbeitet, die den Marktteilnehmern bekannt sind. Dennoch gibt es Trader, die der Meinung sind, dass sie in der Lage wären, etwas zu finden, was nicht schon längst im Chart eingepreist ist.

Ich finde, dass, das, was ein Trader macht, so einfach wie möglich sein sollte. Die Entscheidungsfindung sollte aufgrund von einem ganz einfachen Kriterium geschehen und alles andere, was darüber hinaus interpretiert werden kann, ist einfach nur lästig oder überflüssig. Ich möchte dem Trader empfehlen, es so einfach wie möglich zu halten. Er soll alle Überlegungen weglassen, ob das was jetzt geschieht nun ein Ausbruch ist, oder ob da ein neues Tageshoch gebildet wird oder nicht. Das sind alles Überlegungen, die eine Rolle spielen, wenn man mit der Technischen Analyse handelt. Die Technische Analyse kann sinnvoll sein, wenn man Zeit hat nachzudenken. Aber als Scalper hast du keine Zeit, nachzudenken. Du brauchst etwas, mit dem du sofort und ohne Zögern handeln kannst. Traden und insbesondere Scalpen ist Handeln – und zwar jetzt. Traden ist keine Analyse. Überlasse das den Studienabteilungen der Banken und Hedgefonds. Die haben vor dir schon längst den Markt analysiert und die Früchte deren Überlegungen findest du im Chart.

Schritt vier: Overtrading.

Viele Scalper denken am Anfang, dass sie jedes Signal traden oder scalpen müssen. Das ist nicht der Fall. Wer ein wenig Erfahrung hat, weiß, dass überhaupt nicht jedes Signal wirklich ein gutes Signal ist. Oft treten Verluste beim Scalping einfach dadurch auf, dass der Trader zu viele Trades macht, zwanzig, Dreißig, Fünfzig am Tag oder noch mehr in einer einzelnen Handelssitzung. Ist das wirklich nötig, um Geld zu verdienen? Ist das wirklich Scalping? Vielleicht. Aber bist du damit erfolgreich? Vielleicht ja, wenn die Märkte sehr gut und sehr volatil sind. Es gibt solche Phasen am Markt. Auch ich habe manchmal in einzelnen Handelssitzungen so viele Trades gemacht. Es gibt Zeiten, wenn die Märkte unglaublich volatil sind, die Kurse gehen hin und her, und der Scalper ist in der Lage, jedes Signal zu handeln. Solche Phasen gibt es, aber sie sind selten. Und weil sie selten sind, braucht der Trader eine Methode, die er jeden Tag einsetzen kann, also auch dann, wenn die Märkte nicht volatil sind. Denn wenn er auf Phasen an der Börse angewiesen ist, in denen er eine ausgezeichnete Volatilität zum Scalpen vorfindet und wenn das nur in fünf oder zehn Prozent der Zeit der Fall ist, dann hat er ein Problem. Was macht er dann in neunzig Prozent der anderen Fälle? Deswegen sollte er gleich lernen, weniger zu traden und zu scalpen. Er sollte lernen, nur auf die wirklich guten Signale zu warten. Mein Weg hin zum erfolgreichen Scalper bestand vor allem darin, Trades *wegzulassen* und Trades *nicht* zu nehmen. Mit anderen Worten: Ich musste lernen, mich nur auf die Trades zu konzentrieren, die wirklich erfolgsversprechend waren.

Und da komme ich zu meinem fünften Schritt und der ist von allen der allerwichtigste: nur erstklassige Signale handeln.

Punkt vier war leicht gesagt, denn damit der Trader diese Signale finden kann, braucht er eine gute Methode. Und hiermit kommen wir zum Lernprozess. Jeder Trader hat eine Lernkurve, egal wie er handelt. Im Daytrading ist dies der Fall, im Swingtrading und es ist im Scalping genauso. Niemand ist gleich am Anfang ein Meister im Scalping. So etwas gibt es nicht. Es gibt eine Lernkurve und sie kann mehrere Monate dauern, meist aber mehrere Jahre bis der Trader Meister seines

Faches wird. Es ist noch kein Athlet vom Himmel gefallen, kein Tennisweltmeister und keine Schachgröße, und schon gar kein Klaviervirtuose. Auch Scalper fallen nicht vom Himmel. Der Scalper muss sein Handwerk lernen.

Und je einfacher er sein Scalping hält, desto schneller wird er lernen, und desto schneller verläuft die Lernkurve. Leider kann man nur durch Erfahrung wissen, was ein erstklassiges, lupenreines Handelssignal ist, und was nicht. Das kann dir kein Kurs oder kein Buch und auch kein Mentor beibringen. Das kann dir nur Erfahrung im eigenen Traden beibringen. Je öfter man das macht, desto mehr erkennt man die Signale, die man wirklich traden sollte. Ob sie dann zu einem Gewinn oder zu einem Verlust führen, steht auf einem anderen Blatt. Aber zumindest hat der Trader den potenziellen Schaden dadurch verringert, dass er gelernt hat, nur die Signale zu traden, von denen man auf Grund von Erfahrung erwarten kann, dass sie erfolgsversprechend sind. Ich hoffe, man versteht, dass ein Anfänger das nicht wissen kann. Er kann es nicht wissen, weil er nicht unterscheiden kann zwischen dem, was handelbar ist und dem, was nicht handelbar ist. Ich wünschte, ich könnte es ihm zeigen. Ich kann Beispiele zeigen, und ich tue das in meinen Büchern und in meinem Kurs, aber am Ende muss jede Marktsituation immer wieder neu betrachtet werden, am besten vorurteilslos.

Diese fünf Schritte sollten dem Scalper dazu ermutigen, seine Kunst so zu gestalten, dass sie kristallklar und einfach wird. Er sollte nur die Signale handeln, die sich wirklich lohnen. In jedem Markt gibt es täglich vielleicht ein oder zwei, höchstens drei wirklich erstklassige Signale. Es geht darum, dass der Trader lernt, diese zu finden. Das ist ein Weg, den man gehen kann.

Noch mehr als das: Ich glaube, dass der Trader diese Signale nicht nur finden, sondern sie sogar antizipieren kann. Er kann sie ausfindig machen, noch *bevor* sie stattfinden. Gute Scalper können dir sagen: „Wenn das passiert, dann gehe ich Long (kaufe ich). Oder wenn das passiert, gehe ich Short (verkaufe ich). Und zwar nur dann". Es ist sehr wichtig, dass man dafür genaue Kriterien hat. Denn nur so tradet man erstklassige Signale, und diese erhöhen die Erfolgswahrscheinlichkeit erheblich.

Erfolg im Trading hat in meinen Augen mehr mit „Weglassen" zu tun als mit „Hinzufügen." Weniger ist mehr, und wenn der Trader dies einmal begriffen hat, dann wird sein Trading sehr einfach und kristallklar. Unnötig zu sagen, dass sich seine Ergebnisse deutlich verbessern, je weiter er in diesem Prozess voranschreitet.

7. Warum ich keinen Börsenchat anbiete

Immer wieder schreiben mich Trader und fragen, ob ich nicht eine Art Trader-Gruppe oder Chatraum anbieten könnte. Ich tue das nicht, ich habe das nie getan und ich habe auch nicht vor, das zu tun. Ich möchte klarstellen, warum ich das nicht tue und warum ich es übrigens auch nicht empfehle, dass andere Trader es tun. Jeder kann es so halten, wie er möchte, und wenn Trader sich zusammenschließen und einen Chatraum einrichten wollen, um sich auszutauschen, dann sollen sie es eben tun.

Die etwas Älteren unter den Lesern werden sich möglicherweise erinnern, dass es Ende der Neunziger- und Anfang der Nullerjahre, als das Internet so richtig Fahrt aufnahm, bereits Chatgruppen gab. Es ist also nichts Neues, so wie es wenig Neues in der Welt gibt. Man konnte sich bereits damals austauschen, wenn auch nicht so gut wie heute. Sobald sich das Internet überall verbreitete, entstanden in kürzester Zeit auch Börsenchats. Auch ich habe mich damals daran beteiligt, und ich erinnere mich zum Beispiel, dass ich einmal live einen Trade in einem Chatraum geteilt habe. Obwohl es mehr als zwanzig Jahre her ist, erinnere ich mich an diesen Trade, vermutlich weil ich ihn in unserem Chatraum veröffentlich habe. Es war ein Trade im Bund-Future. Das ist ein Future auf die zehnjährige Bundes-Staatsanleihen. Ich war am frühen Vormittag Long eingestiegen. Der Grund, dass ich diesen Trade machte, war, dass der Bund an dem Tag mit einer großen

Kurslücke (Gap) eröffnete. Ich glaube, er eröffnete an dem Tag in etwa 25 Ticks tiefer. Ich sah das als Chance an, denn meine Erwartung war, dass der Bund im Laufe des Vormittags diese Kurslücke schließen würde.

Zufälligerweise hatte ich das Tief des Tages erwischt und den ganzen Trade nach oben mitgenommen. Der Bund schloss wie erwartet die Kurslücke. Das waren also 25 Ticks Gewinn. Jeder Tick im Bund ist 10 Euro wert. Ich war mit einem Kontrakt Long, also machte ich etwa 250 Euro Gewinn mit dem Trade. Diesen Trade habe ich vom Anfang bis zum Ende in diesem Chatraum dokumentiert. Ich habe ihn detailliert beschrieben und es gab mehrere Leute in dem Chat, die das mitverfolgten und alle waren begeistert. Natürlich verspürte ich nach dem Trade ein dickes Ego: Hey, alles richtig gemacht! Du hast das Tief gekauft und ganz oben, als das Gap geschlossen wurde, hast du den Trade glattgestellt! Ich habe mich großartig gefühlt. Erstens hatte ich einen schönen Gewinn und zweitens hatten meine Chatkumpels alles live mitverfolgt und gratulierten mir dazu überschwänglich. Alle fanden es großartig. Nun, welchen Erkenntnisgewinn zog ich aus diesem Ereignis?

Antwort: Keinen.

Für mich gab es keinen Erkenntnisgewinn, obwohl ich an diesem Tag Geld verdiente. Bin ich schlauer geworden? Ich glaube nicht. Dieser Trade war einer aus Tausenden, und zufälligerweise war er gelungen, sowohl der Einstieg als der Ausstieg waren sozusagen perfekt. Prima. Das war aber nichts Besonderes, auf jeden Fall nichts, was mich oder meine

Chatkumpels weitergebracht hätte. Ich hatte einen Gewinn-Trade dokumentiert. Punkt.

Die Frage, die ich an Teilnehmern solcher Chaträume habe ist: Dokumentiert ihr auch eure Verlusttrades? Meistens wird man feststellen, dass Leute in diesen Börsenchats mit ihren Gewinnen prahlen, aber wenn sie Verluste machen, sind sie eher still. Dann hört man nichts von ihnen oder sie sind an diesem Tag gerade nicht da. Das ist schon ein Argument gegen solche Chaträume. Alle Trader, die es ernst meinten, haben schnell gemerkt, dass diese Chats voller Schwätzer sind und verschwanden irgendwann. Diese Leute haben irgendwann nicht mehr mitgemacht. Das ist ein weiterer Grund, warum ich nicht empfehle, sich an solchen Börsenchats zu beteiligen, weil sie voller Schwätzer sind, um nicht zu sagen Verlierer. Man muss sich doch ernsthaft die Frage stellen, wenn jemand tagsüber Zeit hat, sich in einem Chat mit anderen zu unterhalten, ob diese Person nichts Besseres zu tun hat. Es scheint eine gute Idee zu sein, sich auszutauschen, das ist natürlich das Argument, das immer vorgebracht wird für diese Chats. Man kann Ideen austauschen oder gar Trading-Signale teilen. Aber was tust du da eigentlich? Du hörst auf die Meinung von Leuten, die keine Ahnung haben. Und das ist meines Erachtens ein großes Problem.

Man stelle sich vor, jemand würde ein ernsthaftes Geschäft eröffnen wollen, zum Beispiel einen Laden irgendwo in einer Stadt. Er oder sie würde 200.000 Euro oder 300.000 Euro investieren, um den Laden einzurichten und Waren zu kaufen. Und um sich zu dem Thema zu informieren, würde der

Inhaber in die Kneipe gehen und sich darüber mit seinen Saufkumpels unterhalten. Er würde sie um Rat bitten, wie er das am besten angehen würde. Ist das eine gute Idee? Würdest du das tun, wenn du dieses Geld investierst? Wohl eher nicht, oder? Ein echter Geschäftsmann oder eine echte Geschäftsfrau würde sich, wenn überhaupt, mit Leuten unterhalten, die so etwas bereits gemacht haben und erfolgreich waren. Man würde dieses Thema nicht mit seinen Saufkumpels besprechen wollen. Entschuldigung, aber all diese Chatrooms sind voll von Saufkumpels. Ich sage nicht, dass sie alle trinken, aber ich glaube, es handelt sich um Leute, die sich langweilen und nichts Besseres zu tun haben als sich mit anderen zu unterhalten, die sich ebenfalls langweilen.

Es tut mir leid, aber Trading ist ein Geschäft, ein Business, das man ernsthaft betreiben sollte. Der Trader sollte so schnell wie möglich versuchen, Profi zu werden. Profis unterhalten sich nicht in Chatrooms über die Börse! Sie haben Wichtigeres zu tun. Deswegen biete ich so etwas wie einen Börsenchat auch nicht an und habe es auch nicht vor. Ich finde auch nicht, dass Trader, die nach meinem System handeln, sich untereinander austauschen sollten. Auch danach werde ich gefragt von Tradern, die mit meinem System arbeiten wollen. Ich verstehe, dass unsichere Anfänger gerne Hilfe von anderen Tradern bekommen möchten, die auf die gleiche Art und Weise handeln. Ich verstehe das alles. Trotzdem empfehle ich, es nicht zu tun! Trading ist ein ernsthaftes Geschäft, es geht um Geld!

Aber der allerwichtigste Grund, weshalb ich denke, dass das keine gute Idee ist, ist, dass dich jede Entscheidung (und Trading bedeutet Entscheidungen zu treffen), die auf der Meinung anderer Leute basiert, schwächt. Wenn du das tust, was andere sagen oder dir vorgeben, wirst du schwächer. Und es geht gerade darum, *stark* zu werden! Wer Trader werden will, muss lernen, eigene Entscheidungen zu treffen, und nicht mehr von der Meinung anderer abhängig zu sein!

Und es ist egal, wer der Tippgeber ist. Es ist egal, wie groß und berühmt der Guru sein mag, der dir einen Hinweis gibt. Höre nicht auf ihn! Höre nicht auf andere, auch nicht auf mich! Treffe deine eigenen Entscheidungen, denn nur so wirst du stark.

Wenn man schon so etwas Verrücktes macht wie Börse und versucht, Geld mit Trading zu verdienen, dann muss man stark sein. Man muss ein starker Trader werden, der seine eigenen Entscheidungen trifft. Und stark wird man nur, indem man selbst Entscheidungen trifft und nie mehr auf andere hört! Und es ist egal, was dabei herauskommt, ob Gewinn oder Verlust, das spielt keine Rolle. Das kann man dann im Nachhinein analysieren. Man kann hinterher sehen, was falsch gelaufen ist. Entscheidend ist, dass man seine Entscheidungen selbst trifft, wenn man ein richtiger Trader werden will. Dafür brauchst du keine Saufkumpels! Und wenn ich das Wort „Saufkumpels" benutze, dann drücke ich mich noch anständig aus, wenn es um Chatrooms geht.

Den letzten Punkt, den ich hier im Zusammenhang mit diesen Chatrooms ansprechen möchte, ist das wichtigste Argument überhaupt: Finde dich damit ab, dass Trading ein einsames Geschäft ist! Das werden manche nicht gerne hören, weil sie gerne mit anderen im Büro sitzen oder in einem Chatraum sein möchten, um sich gegenseitig zu unterstützen. Aber Trading ist ein einsames Geschäft! Es ist etwas, was du mit dir selbst und mit dem Markt machst. Es ist ein einsames Business! Es geht um dich und das Feedback, das du vom Markt bekommst.

Das klingt hart, aber es ist die Realität. Wer erfolgreich sein will im Trading-Geschäft, muss sich zurückziehen. Er muss allein sein und seine eigenen Entscheidungen treffen. Man kann sich verschiedene Trading-Systeme ansehen und unterschiedliche Strategien erproben, aber am Ende des Tages muss man es selbst machen! Jeder Tag am Markt ist anders, und der Trader muss entscheiden, ob er tradet oder nicht. Das kann niemand anderes für ihn tun. Und das ist hart! Es ist einsam und hart. Deswegen ist Börsenhandel auch nicht für jeden geeignet. Nicht jeder ist dafür gemacht, weil es ein hartes und einsames Business ist. Wenn ein Leser dieser Zeilen das Gefühl bekommt: „Oh, das klingt irgendwie doch nicht so einfach, was er da sagt", dann kommt er vielleicht zu der Einsicht, dass Trading und Börse nichts für ihn sind! Börse ist nicht für jeden!

Die allermeisten Menschen sollten die Finger davon lassen. Es ist nichts für sie. Es ist für eine Elite, auch wenn das heutzutage vielleicht ein schmutziges Wort ist. Trading ist für eine Elite, für wenige Leute, die es wirklich wissen wollen. Deswegen sollte man nicht in Chatrooms gehen, wenn man zur Elite gehören will.

8. Kann man mit einem Partner traden?

Ich möchte eine Geschichte erzählen, die ich tatsächlich erlebt habe. Sie liegt schon eine Weile zurück, nämlich zu Zeiten der Finanzkrise, also 2007-2008. Ich handelte bereits meine Scalping-Strategie, und ich habe sie damals eine Weile mit einem Partner zusammen getradet. Man könnte meinen, jetzt widerspreche ich mich selbst. Habe ich im vorherigen Kapitel nicht gesagt, dass Trading ein einsames Geschäft ist und dass man sich eben nicht zusammenschließen sollte mit anderen?

Nun, einmal habe ich tatsächlich eine Ausnahme gemacht und habe mit einem anderen Trader zusammen gehandelt. Normalerweise sitzt man dann nebeneinander in einem Raum, jeder handelt sein eigenes Konto, tauscht vielleicht Tipps aus oder gibt Hinweise wie „Diese Aktie könnte interessant sein" oder „Da tut sich etwas".

Obwohl ich mich selbst durchaus als Eigenbrötler betrachten würde, habe ich mich eine Weile darauf eingelassen, mit einem anderen Trader gemeinsam zu handeln. Wie kam es dazu? Eines Tages rief mich der Manager eines Hedgefonds an, der mich persönlich kannte. Er hatte ein Problem: Sein Hedgefonds war nicht profitabel, obwohl er eine Reihe hochqualifizierter Mitarbeiter beschäftigte, die auf mathematischen Modellen basierende Programme entwickelten. Er ließ diese dann im Forex-Markt von Robotern umsetzen, aber keines dieser Systeme war profitabel. Er sagte mir am Telefon: „Ich habe Kunden, aber es läuft nicht. Könntest du nicht für mich traden?" Ich habe kurz überlegt, und dann zugestimmt, hauptsächlich, weil ich die Erfahrung machen wollte, für einen Hedgefonds zu traden. Ich habe meine Scalping-Strategie dann zwei Monate lang für diesen Hedgefonds gehandelt.

Zu dieser Zeit gab es noch einen anderen Trader, der irgendwie mit dieser Firma in Verbindung stand. Man wusste nicht so richtig, was man mit dieser Person anfangen sollte, also kam mir die Idee, meine Strategie zu zweit zu handeln. Wir haben uns nebeneinandergesetzt, er saß direkt am Tisch, denn er führte die Trades aus, während ich etwas versetzt auf Abstand die Charts betrachtete. Wir hatten zwölf Monitore, auf denen wir die zwölf wichtigsten Währungspaare laufen ließen, alle im Heikin Ashi Chart. Wir handelten nur Forex-Paare. Wir betrieben kein Daytrading, sondern richtiges Scalping, also sehr kurzfristiges Trading. Meist schaute ich auf ein Minute-Charts, und wenn es schnell ging, schaltete ich auch mal zum 30-Sekunden-Chart. Das war zur Zeit der Finanzkrise nicht ungewöhnlich. Es gab genug Volatilität und ausreichend Trading-Signale.

Ich schaute mir entspannt die Charts an und rief dann so etwas wie „Cable Short!" oder „Euro Long!" Die Aufgabe meines Trading-Partners war, die Trades exakt auszuführen. Manchmal waren wir nur zehn oder zwanzig Sekunden im Markt. Da die Volatilität zur Zeit der Finanzkrise hoch war, konnten wir im Sekundentakt Trades durchführen. Das ist heutzutage mit der niedrigen Volatilität nicht mehr so möglich.

Aber es gibt auch Ausnahmen. An manchen Tagen ist es möglich, aber das sind meist nur kurze Momente, vielleicht ein oder zwei Stunden am Vormittag, oder wenn es eine Notenbank-Sitzung gibt. Damals war aber Volatilität die Regel. Es machte einfach Spaß zu scalpen, und wir waren damit sehr erfolgreich. Dieses Experiment mit dem Trading-Partner war aber im Nachhinein noch aus einem anderen Grund interessant. Normalerweise bist du als Trader sowohl für die Entscheidungen, welche Trades du durchführen möchtest, als auch für die tatsächliche Ausführung verantwortlich. In unserem Fall teilten wir die Aufgaben auf zwei Personen auf, und das erwies sich als vorteilhaft.

Nun könnte man einwenden: „Na ja, am Ende warst du es, der die Trades gemacht hat, auch wenn dein Partner sie ausgeführt hat." Das stimmt, ich war derjenige, der sozusagen „Short!" oder „Close!" rief, um den Trade zu beenden. Dennoch hatte ich das Gefühl, dass diese Aufteilung, wenn man es aus der Gehirnperspektive betrachtet, geholfen hat, noch profitabler zu handeln. Ich konnte etwas zurückgelehnt in aller Ruhe die Charts betrachten. Ich trug die volle Verantwortung für die Trade-Entscheidungen und hatte nichts mit der Ausführung zu tun. Das übernahm mein Partner. Und das geschah innerhalb von Sekunden. Es war wirklich das was man „trade what you see" nennt.

Wenn man jemals die Chance oder Gelegenheit hat, dieses Experiment zu machen, kann ich nur empfehlen, es zu versuchen. Es ist wirklich hochinteressant, da die Tätigkeit des Tradens, die auf verschiedenen Gehirnfunktionen abläuft, aufgeteilt wird. Im Übrigen habe ich oft geschrien, als ich meine „Befehle" gab. Ich sagte nicht einfach in aller Ruhe „Gehe bitte Short im Britischen Pfund", wenn ich zum Beispiel das Pfund verkaufen wollte, sondern ich schrie richtig „Short!", als befände ich mich in einem klassischen Trading-Pit (also dem vorelektronischen Parketthandel, bei welchem die Börsenhändler durch gegenseitiges Zurufen ihre Börsengeschäfte abschlossen). Das mag einem Aussenstehendem vielleicht verwundern, aber Traden und sicher Scalpen verlangen nun mal einen hohen Grad an Konzentration. Und wenn du in den Markt gehst, ist es oft wie eine Entladung. Es ist ein fester Entschluss, der keine Widerrede duldet. Deswegen habe ich meist geschrien, wenn ich einsteigen wollte oder den Trade schließen wollte.

Zum Glück hatten wir ein abgeschlossenes Büro und ich habe mit meinen Befehlen hoffentlich nicht allzu viele Leute aufgeschreckt. Für mich persönlich war es eine interessante Erfahrung, denn tatsächlich haben wir für diesen Hedgefonds Geld verdient. Wir waren erfolgreich, obwohl die Zusammenarbeit mit dem Hedgefonds aus anderen Gründen zu Ende gegangen ist, die ich hier nicht erwähnen möchte. Die Geschichte ist mir jedoch immer in Erinnerung geblieben. Wenn alles schief geht und ich nicht mehr erfolgreich bin, suche ich mir wieder einen Partner, denke ich manchmal. Letztendlich ist es nicht dazu gekommen, und ich scalpe weiterhin alleine. Nichtdestotrotz kann ich mir vorstellen, dass es für den einen oder anderen Trader ein interessantes Experiment sein könnte, es einmal zu zweit zu versuchen.

Natürlich muss man sich dann einigen, mit welchem Konto gehandelt wird, wer die Entscheidungen trifft und wer die Trades ausführt. Die Beute muss auch aufgeteilt werden. Derjenige, der die Transaktionen ausführt, muss nicht immer derselbe sein, genauso wenig wie derjenige, der die Trade-Entscheidungen trifft. Man kann sich abwechseln. Ich fand es interessant, die beiden Aufgaben, die normalerweise von einer Person ausgeführt werden, aufzuteilen und vielleicht auch nach einer Stunde die Rollen zu tauschen. Nach einer Weile wird man müde, wie ich bereits an verschiedenen Stellen erwähnt habe.

Beim Traden braucht man Pausen oder man sollte einfach mal wechseln. In diesem Fall ist es tatsächlich möglich. Derjenige, der die Maus und die Tastatur bedient, hat vielleicht die leichtere Aufgabe. Dennoch muss auch er die Vorgaben korrekt ausführen. Jeder, der bereits gehandelt hat, hat schon einmal die Erfahrung gemacht, dass er trotz beabsichtigter Kaufintention auf den Verkaufsbutton gedrückt hat und umgekehrt. Jeder, der wirklich handelt, hat diesen Fehler gemacht! Daher trägt derjenige, der die Trades ausführt, ebenfalls eine hohe Verantwortung.

Ich hoffe, der Leser versteht auch den Unterschied zwischen dem, was wir gemacht haben und der Interaktion in einem Chatroom. Unsere Tätigkeit verlief in höchster Konzentration.

Jegliche Ablenkung war tabu. Wer in Chatrooms geht, sucht Ablenkung. Und das hat meiner Meinung nach nichts mit Trading zu tun.

9. Es gibt keine generelle Regel für Börsenerfolg

Was macht einen Trader erfolgreich oder profitabel? Die Antwort lautet: Es gibt keine allgemeine Regel dafür. Jeder Trader ist anders. Natürlich gibt es gewisse Muster, die ich im Laufe der Jahre habe feststellen können. Ich habe mit vielen Tradern gesprochen und erhalte fast täglich E-Mails, die sich oft mit dieser Frage befassen. Dennoch liegt die Sache bei jedem Trader anders, da jeder seine eigene Persönlichkeit und individuellen Probleme hat. Dennoch habe ich ein paar Beobachtungen notiert und vielleicht helfen diese Beispiele dem Leser, diesbezüglich etwas Klarheit zu gewinnen.

Manchmal liegt der Schlüssel zum Erfolg tatsächlich in der Strategie. Die Frage lautet dann: Welche Strategie passt zu dir? Es gibt unzählige Trading-Strategien, um an der Börse aktiv zu werden. Doch nicht jede Strategie ist für jeden Trader geeignet. Die meisten Trader müssen zunächst die Strategie finden, die zu ihrer Persönlichkeit passt. Es kann sein, dass man drei, vier, fünf oder sogar zehn verschiedene Strategien ausprobieren muss, um diejenige zu finden, die einem liegt.

Ein Beispiel: Manche Trader, die sich selbst als Daytrader betrachten, müssen nach einem oder zwei Jahren feststellen, dass dies nicht der richtige Ansatz für sie ist. Stattdessen ist Swingtrading oft die bessere Wahl. Für manche Trader ist es viel besser, wenn sie Zeit haben, die Märkte zu studieren, um dann in aller Ruhe ihre Limit-Orders zu platzieren. Es gibt aber Trader, die als Swingtrader oder gar als Aktieninvestoren starten und dann irgendwann feststellen, dass Daytrading oder Scalping besser zu ihnen passt. Diese Trader mögen es nicht, offene Positionen zu haben, sobald sie ihr Tageswerk beendet haben.

Beides ist möglich, und es gibt keine allgemeine Regel, die besagt, was funktioniert. Jeder muss das für sich herausfinden.

Manchmal liegt der Schlüssel zum Erfolg in einem Detail. Bei einigen Tradern ist die Stop-Platzierung das Problem. Manche Trader traden oder scalpen zum Beispiel mit einem zu weiten Stop. In solchen Fällen könnte man ihnen raten, mit einem engeren Stop-Loss von zwei, drei Ticks oder drei, vier Pips zu arbeiten. Natürlich führt dies dazu, dass die Trefferquote sinkt, sobald man den Stop enger setzt. Aber wenn diese Trader gelegentlich einen größeren Gewinn erzielen, kann das genau den Unterschied zwischen Erfolg oder Misserfolg ausmachen. Es kann an einem solchen Detail liegen.

Ein weiteres Beispiel: Manche Trader haben Schwierigkeiten, in einem Gewinn-Trade zu bleiben. Sie haben die Neigung, den Trade zu schließen, sobald er etwas im Gewinn steht. Natürlich geschieht dies aus Angst, die Gewinne wieder an den Markt abgeben zu müssen. Das ist für manche Trader eine richtige Herausforderung. Die Lösung könnte darin bestehen, bei einem Gewinn von sechs oder sieben Pips oder Tics die Hälfte der Position zu schließen und den Rest laufen zu lassen. Wer mit Futures oder CFDs handelt, könnte zwei Kontrakte traden. Sobald der erste Gewinn da ist, schließt man den ersten Kontrakt, setzt den Stop auf Break-Even und managt den zweiten Kontrakt manuell oder mit einem Trailing-Stop. Der Trailing-Stop ist ein gutes Instrument, um zu versuchen, das Maximum aus einem Trade zu holen.

Ich habe eine Zeit lang mit einem Trader zusammengearbeitet, der folgendes Problem hatte: Er war von Montag bis Donnerstag erfolgreich, gab aber seine Gewinne am Freitag immer wieder ab. Er hatte manchmal bis Donnerstagabend 4.000 oder 5.000 Euro Gewinn erzielt, verlor aber am Freitag 5.000 oder gar 6.000 Euro oder noch mehr. Die Lösung war hier denkbar einfach: Er durfte ab sofort freitags nicht mehr handeln. Seit er diese Regel befolgt und nur von Montag bis Donnerstag handelt, ist er erfolgreich. Er war am Freitag einfach erschöpft. Natürlich ist das keine allgemeine Regel, aber es funktionierte für diesen Trader. Es kann durchaus Sinn machen, die eigenen Ergebnisse mal daraufhin zu studieren und die Trades von Montag bis Freitag zu vergleichen. Manchmal kommen erstaunliche Sachen dabei heraus.

Dann gibt es zum Beispiel Trader, die immer nur Long-Positionen eingehen und nie Short gehen. Aber als Trader sollte man eigentlich in der Lage sein, Short zu gehen. Viele Trader haben Angst davor oder tun es nicht. Es ist im Grunde ganz einfach: Anstatt auf „Kaufen" zu klicken, klickt man auf „Verkaufen" – auf den roten Knopf statt auf den grünen. Manche Trader werden plötzlich erfolgreich, wenn sie anfangen, Short-Positionen einzugehen. Es ist interessant, auch diesbezüglich bei sich selbst eine kleine Statistik zu erstellen, wie viele Trades Long-Positionen sind und wie viele Short-

Positionen. In den letzten Jahren, in denen die Märkte fast nur gestiegen sind, war es schwierig, mit Short-Positionen Geld zu verdienen. Wer aber Daytrader oder Scalper ist, kann mit Short-Trades immer Geld verdienen, wenn man nur weiß, wie man es macht. Im Übrigen kommt der Gewinn mit Short-Trades oft drei Mal so schnell wie mit Long-Trades. Das liegt daran, dass fallende Märkte einen „Panik-Charakter" haben, während steigende Märkte von der Hoffnung leben. Und Hoffnung dauert nun mal länger als Panik.

Dann gibt es Trader, die erfolgreich wurden, indem sie gelernt haben, *weniger* zu traden. Sie haben erst zu viele Trades gemacht. Weniger zu traden geht einher mit dem Gedanken, qualitativ hochwertigere Trades zu finden. Wenn man weniger handelt, neigt man naturgemäß dazu, bessere Trades zu finden. Auch daraufhin sollte man nach Feierabend oder am Wochenende die Trades der letzten Woche mal analysieren. Man wird oft feststellen, dass man viele Trades gemacht hat, die man besser hätte unterlassen sollen.

Dann gibt es natürlich Sonderfälle. Das sind Trader, die in keine einzige Kategorie passen. Das sind oft interessante Persönlichkeiten, die einen ganz originellen Stil entwickelt haben, auf den fast keiner kommt. Ich habe einmal einen Trader kennengelernt, der nur den Ölmarkt gehandelt und dabei alle Regeln gebrochen hat. Er hat genau das Gegenteil von dem gemacht, was man normalerweise tun sollte. Er arbeitete mit einem sehr weiten Stop von mehr als 2 Dollar. Im Ölmarkt ist das ziemlich ambitioniert… Der Stop war nur für den Fall einer Katastrophe gedacht. Im Grunde genommen hat dieser Trader ohne Stop gehandelt, denn wenn er das Gefühl hatte, dass der Trade nicht funktionierte, ist er vorher aus dem Markt ausgestiegen. Er war dazu in der Lage und das hat für ihn funktioniert. Natürlich ist das keine allgemeine Regel, die jeder anwenden sollte, denn viele Trader wären eben nicht in der Lage, aus dem Trade auszusteigen, wenn es schiefläuft. Aber dieser Trader hatte diese Disziplin. Er war also nicht auf einen „harten Stop" angewiesen, und besaß die Flexibilität, die Lage so einzuschätzen, dass er ohne einen katastrophalen Verlust zu realisieren, zeitig aus dem Markt ging, wenn er falsch lag. Im Übrigen lag er meist richtig mit seinen Einschätzungen.

Das sind nur einige Beispiele, die zeigen, dass es verschiedene Gründe geben kann, warum man nicht erfolgreich ist oder weswegen man plötzlich erfolgreich wird. Es gibt keine allgemeine Regel. Manchmal reicht es, eine kleine Sache zu ändern, und schon stellt sich der Erfolg ein. Es zeigt sich, dass es bei jedem Trader unterschiedlich ist.

Meine Erfahrung ist, dass jeder Trader etwas in sich entdecken muss, dass nur *er* oder *sie* selbst entdecken kann. Das kann dir kein Coach beibringen. Ein Coach kann dir helfen, bestimmte Muster, die bei dem Trader unbewusst ablaufen, bewusst zu machen. Er kann das, weil er von außen auf dein Tun schaut. Das kann hilfreich sein, und deswegen können 10000 Euro Investition in einen Coach unter Umständen zu Millionen Gewinn im Markt führen.

Bevor man einen Coach sucht, möchte ich jeden Trader oder jede Traderin dazu ermutigen, zu versuchen erst selbst etwas in sich zu entdecken, was nur er oder sie entdecken kann, was das ist, kann dir niemand sagen, auch ich nicht. Es ist etwas, was nur dem Trader eigen ist. Das ist oft viel wertvoller als gleich von außen Hilfe zu suchen. Anders ausgedrückt könnte man sagen, dass jeder Trader eine Art inneres Gleichgewicht finden muss. Dieses Gleichgewicht hat etwas mit der richtigen Einschätzung von Chance und Risiko zu tun. Und das lernt man natürlich nur durch Erfahrung. Diese Erfahrung kann nur derjenige erlangen, der eine bestimmte Strategie länger handelt. Dieses innere Gleichgewicht ist bei jedem Trader anders und kann nicht gelehrt werden.

Nun wie kommt man zu diesem Punkt? Natürlich nur, indem man Erfahrung sammelt und tatsächlich mit echtem Geld tradet. Aber auch, indem man mal Dinge ausprobiert, zum Beispiel, indem man mal genau das Gegenteil von dem macht, was man bislang getan hat. Wer zum Beispiel auf Ausbrüche aus war (Breakout-Trading) könnte mal den Versuch wagen, genau die Gegenposition einzunehmen. Wenn der Markt nach oben auszubrechen scheint, sollte der Trader Short gehen und umgekehrt. Das scheint gegen jegliche Logik zu verstoßen, aber wenn man weiß, dass die meisten Ausbrüche Fehlausbrüche sind, klingt die Idee vielleicht weniger verkehrt als man vermuten würde.

Ich habe hier einige Beispiele gegeben, aber letztendlich muss jeder Trader selbst herausfinden, was für ihn oder sie funktioniert. Es kann sein, dass man etwas in sich entdeckt, was man bislang nicht für möglich gehalten hat. Vielleicht sollte man zum Beispiel nur Short-Positionen eingehen statt Long-Positionen. Es gibt Trader, die ausschließlich Short-Positionen eingehen. Es sind nicht viele, aber es gibt sie. Ich war selbst eine Zeit lang einer von ihnen und war damit ziemlich erfolgreich. Ich habe es dann nicht konsequent weiterverfolgt, aber für mich hat es eine Zeit lang funktioniert. Ich bin ein guter „Shorter", wohingegen ich mich selbst eher als lausiger „Long-Trader" betrachte. Jeder ist anders, und Erfolg beim Traden hat oft damit zu tun, dass du deine Eigenheit entdeckst. Dafür musst du natürlich experimentieren. Du musst dir eines Tages zum Beispiel sagen: Jetzt mache mal genau das Gegenteil von dem, was ich üblicherweise mache. Man sollte nie vergessen, dass, wenn man etwas kauft, es immer jemanden auf der Welt geben muss, der verkauft, und umgekehrt. Diese Person hat also eine andere Sicht auf den Markt als du. Und vielleicht ist seine Sicht der Dinge richtig und deine falsch.

10. Es gibt nur asymmetrische Gewinne an der Börse

In den letzten zwanzig bis dreißig Jahren, seitdem Daytrading aufgrund des Internets an Popularität gewonnen hat, ist bei vielen Menschen der Eindruck entstanden, dass Trading so funktioniert: Ein Mensch setzt sich jeden Morgen vor den Computer, beginnt zu handeln und verdient damit seinen Lebensunterhalt.

Nehmen wir als Beispiel einen Trader, der sich entschieden hat, den DAX zu handeln. Das machen nicht wenige Trader, gerade im deutschsprachigen Raum. Ob das eine gute Idee ist, sei dahingestellt. Dieser Trader hat sich vorgenommen, den DAX als Daytrader zu handeln. Er wird vielleicht drei, fünf oder zehn Trades pro Tag machen und setzt dabei vielleicht einen Stop von zehn bis fünfzehn Punkten. Das ist natürlich nur ein Beispiel. Er hofft regelmäßig 40, 50 oder gar 60 Punkte aus dem Markt zu holen. Das ist durchaus möglich. Man kann sogar noch mehr Punkte erzielen, obwohl dies mit diesem engen Stop schwierig sein wird. Dieser Trader möchte das jeden Tag wiederholen und versucht daher ein gewisses „Tagesziel" zu erreichen. Es geht also um einen Trader, der systematisch jeden Tag die gleiche „Leistung" erbringen will. Das ist die Idee: Dieser Trader will jeden Tag auf dem Höhepunkt seiner Leistungsfähigkeit sein und täglich 30, 40 oder 50 Punkte Gewinn im DAX erzielen. Er setzt sich zum Ziel, diese Leistung kontinuierlich zu erbringen.

Natürlich kalkuliert er mit ein, dass er – wie jeder andere Trader – eine Lernkurve haben wird. Am Anfang ist er vielleicht noch nicht so gut, aber mit zunehmender Übung und Erfahrung hofft er, diese Leistung erbringen zu können.

In meinen Augen ist das eine Illusion.

Vielleicht enttäusche ich einige Leser, wenn ich sage, dass die Idee, täglich 30, 40, oder 50 Punkte aus dem Markt zu holen, nicht der Realität entspricht.

Alle, die es versucht haben (und ich gehöre zu dieser Gruppe) müssen irgendwann feststellen, dass es so nicht funktioniert. Ich habe jahrelang versucht, ein solcher Trader zu sein, der täglich etwa die gleiche Summe aus dem Markt holt. Es gibt Trader, die sich als Tagesziel setzen, 100 Euro zu verdienen. Und es gibt Trader, die 1.000 Euro verdienen wollen. Diese Vorstellung oder diese Idee ist eine Illusion. Das gibt es nicht.

Es gibt zwei Gründe dafür. Einerseits ist der Markt jeden Tag anders. Vielleicht kann man am Montag 30 Punkte erzielen, aber am Dienstag klappt das nicht. Am Mittwoch macht der Trader Verlust, und so weiter.

Der zweite Grund – und der ist viel wichtiger – weshalb es so nicht klappt, ist, dass wir Menschen sind – Menschen aus Fleisch und Blut. Wir haben Emotionen, wir haben Gefühle und wir sind nicht jeden Tag auf dem Höhepunkt unserer Leistung. Wir können nicht jeden Tag eine Spitzenleistung erbringen, auch wenn uns das manche Börsen Coaches beibringen wollen. Es gibt auch Psychologen, die sich darauf spezialisiert haben, dich zu trainieren, wie du jeden Tag

Höchstleistungen erbringen kannst. Aber das ist eine Illusion, das gibt es nicht. Kein Mensch kann so arbeiten. Niemand ist so.

Wir sind Menschen und, ähnlich wie die Natur funktionieren wir „zyklisch." Es gibt Zeiten, in denen wir gute Leistungen erbringen, und es gibt eindeutig Zeiten, in denen wir weniger gute Leistungen erbringen. In der Börsensprache bedeutet das natürlich, dass es Zeiten gibt, in denen wir Gewinne machen und Zeiten, in denen wir keine Gewinne machen. Es ist klar, dass der Trader, wenn er feststellt, dass er sich in einer Verlustphase befindet, besser nicht tradet. Das ist offensichtlich, und das erfordert natürlich Disziplin, sich selbst einzugestehen: „Hm, heute oder diese Woche läuft es nicht. Ich bin einfach nicht gut drauf, also ich lasse das Traden besser sein..."

Hast du die Disziplin? Ich behaupte mal, dass die wenigsten sie haben. Und deshalb verlieren sie in einer solchen Phase Geld. Dann rückt das Ziel, täglich dreißig oder vierzig Punkte aus dem DAX zu holen in weite Ferne...

Es funktioniert auch deshalb nicht, weil wir Menschen keine Roboter sind, die jeden Tag die gleiche Leistung erbringen. Die Idee, dass ein Trader jeden Tag die gleiche Leistung erbringt, stammt aus der Welt der automatischen Handelssysteme. Diesen Programmen ist es egal, ob es regnet oder nicht. Sie werden auch niemals krank und sie bekommen niemals ein Burnout. Es ist ihnen egal, ob die Kapitalkurve in einem 15%-igen Drawdown steckt oder ob das System zehn

Verluste nacheinander gemacht hat. Der Handel geht einfach weiter.

Die Frage lautet, ob ein menschlicher Trader das auch kann. Hat er diese eiserne Disziplin? Verfügt er über die Fähigkeit, mit derselben Ruhe, weiterhin seine Trades durchzuführen, auch wenn er gerade eine längere Verlustserie hatte? Meine Erfahrung ist, dass die allermeisten Trader dazu nicht in der Lage sind. Übrigens, ich bin es auch nicht. Daher ist es eine totale Illusion, sich vorzustellen, dass man täglich und kontinuierlich 30, 40 Punkte aus dem DAX holen kann. Wer es versuchst, wird in der Regel scheitern.

Aber was gibt es dann?

Es gibt etwas an der Börse, was man als *asymmetrische Gewinne* bezeichnet. An der Börse gibt es Zeiten, in denen man tatsächlich sehr viel Geld verdienen kann. Crasht die Börse mal, wie es zum Beispiel in der ersten Phase der Corona-Pandemic der Fall war, gibt es Trader, die sehr gut darin sind, große Short-Positionen einzugehen. Sie können an solchen Tagen oder Wochen viel Geld verdienen. An solchen volatilen Tagen kann man als guter Trader 10.000, 20.000, und je nach Kapitalgröße auch 100.000 Euro oder mehr verdienen.

Warum?

Weil die Börse in solchen Zeiten meist nur eine Richtung kennt, und zwar nach unten. Das sind die Phasen (sie dauern meist nicht lange), in denen ein geübter Trader endlich ein „fast ideales Marktumfeld" vorfindet. Er kann dann überproportional viel verdienen, wenn er in der Lage ist und den Mut hat, große Short-Positionen aufzubauen. Das Gleiche gilt natürlich, wenn die Märkte ebenfalls nur eine Richtung kennen, und zwar nach oben. Das war zum Beispiel gerade nach dem Corona-Crash der Fall, obwohl das zu erkennen schon viel schwieriger war. Es verlangt viel Mut und Erfahrung, gerade nach einem Crash, und gerade nachdem der Markt jeden in Angst und Schrecken versetzt hat und niemand begreift, was gerade passiert, große Pakete an Aktien zu kaufen. Aber wer es tat, konnte in den Monaten danach gigantische Gewinne einstreichen. Solche Chancen gibt es immer wieder an der Börse. Sie sind aber selten, und die meisten Leute sind durch die Nachrichtenlage dermaßen paralysiert, dass sie nichts unternehmen, obwohl das die Zeiten sind, in denen man gerade sehr aktiv an der Börse werden sollte.

Dagegen sind die sogenannten „normalen" Zeiten, also Zeiten, in denen keine besondere Nachrichtenlage vorliegt, also Zeiten mit niedriger Volatilität viel schwieriger, um richtig Geld zu verdienen. Die Marktbewegungen geben es einfach nicht her. Es kann gut sein, dass der DAX-Trader in solchen Phasen nichts verdient oder bestenfalls Break-Even aus dem Markt kommt. Mal macht er ein bisschen Gewinn, mal ein bisschen Verlust. Vielleicht handelt er diszipliniert nach seinem System, aber es ist klar, dass das eigentlich keine gute Marktphase ist.

Das ist ein anderer Punkt, den man ebenfalls hervorheben muss: Es gibt Zeiten, in denen deine Strategie gut funktioniert, in denen du viel Geld verdienen kannst – und das oft in sehr kurzer Zeit. Und dann gibt oft längere Zeiten, in denen das nicht der Fall ist, in denen du besser nicht traden solltest.

Das ist ein Phänomen, das zum Beispiel Trader, die Trendfolge-Systeme handeln gut kennen. In guten Phasen (Trend-Phasen) können sie viel Geld verdienen. Es läuft wie geschmiert. Dann kann es jedoch passieren, dass die Märkte über ein Jahr lang nur seitwärts gehen. Dann verdienen sie mit Trendfolge-Strategien keinen Blumentopf, oder verlieren gar.

Man muss also verstehen, dass es an der Börse Zeiten gibt, in denen Trader nichts oder nur unbedeutende Summen verdienen. Im Gegensatz dazu gibt es Zeiten, in denen der Trader zuschlagen kann und auch muss. Es ist darum wichtig, dass er in Zeiten, in denen es gut läuft, doppelt und dreifach verdient, um für die Zeiten vorsorgen zu können, in denen er an der Börse kein Geld verdient. Deshalb gibt es an der Börse nur asymmetrische Gewinne.

Der Börsenhandel ist keine Arbeitsstelle, wo man jeden Monat meinetwegen 3.000 oder 4.000 Euro netto verdient. Dieses Konzept auf die Börse zu übertragen ist Schwachsinn. So funktioniert das nicht. Und das ist der Denkfehler, den alle diese frischgebackenen DAX-Trader machen. Sie wollen weg von ihrem Tagesjob und versuchen, ihn durch einen anderen Job zu ersetzen, eben den DAX-Job. Sie übertragen die Denkmuster, und also auch die Geldmuster ihres alten Jobs auf das Börsengeschäft.

Aber so läuft es nicht. Wer das begreift, wird eines Tages auch einsehen, dass das Geschäft eines klassischen Daytraders, der jeden Tag versucht, seinen Schnitt zu machen, so ziemlich das Schwierigste ist, wofür man sich entscheiden kann. Nur sehr wenige Menschen sind damit erfolgreich.

Es gibt Zeiten, in denen es besser ist, an der Seitenlinie zu stehen und nichts zu tun. Und es gibt Zeiten, in denen man eigentlich Gas geben sollte und seine Positionen sogar vergrößern, manchmal das Dreifache, Vierfache, oder Fünffache seiner üblichen Kontraktzahl handeln müsste wie normalerweise.

Aber das ist die Expertise eines reiferen Traders. Diese Personen sind in der Lage, ihre Positionen dramatisch zu vergrößern, wenn es gut läuft. Und sie sind auch in der Lage, die Positionen, wenn nötig dramatisch zu verkleinern, wenn es nicht so gut läuft, oder ganz aufzuhören mit Traden, was meistens besser ist.

Dieser Aspekt des aktiven Money-Managements wird oft viel zu wenig dargestellt. Es ist ein völlig unterbelichteter Aspekt des Börsenhandels, vielleicht weil er für Anfänger schwer zu verstehen ist. Die Frage ist jedoch nicht, wie oft du gewinnst oder verlierst. Das ist im Grunde eine kindische Frage, eine Frage eines Anfängers eben. Die Frage ist, wie viel verdienst du, wenn du richtig liegst und wie viel verlierst du, wenn du falsch liegst? Damit sollte man sich viel mehr befassen als mit all diesen unsinnigen Tagesanalysen der Indizes oder Aktien.

Das begreifen viele nicht, die neu an die Börse gehen, aber dieses Verständnis ist essentiell, um wirklich das Geld zu verdienen, das du brauchst. Du musst in der Lage sein, in den richtigen Momenten zuzuschlagen, um für die Zeiten vorzusorgen, in denen du an der Börse kein Geld verdienst. Und wenn es irgendwo ein Geheimnis des Börsenerfolgs gibt, dann liegt es hier: Bist du in der Lage, deine Positionsgrößen je nach Marktlage dramatisch zu ändern?

Ich empfehle dir, darüber nachzudenken, bevor du dich dazu entscheidest, Daytrader oder etwas Ähnliches zu werden.

11. Traden hat mit Geduld zu tun

Wenn man die wichtigsten Trading-Fehler vermeiden könnte, hätte man dann eine realistische Chance, zu den Gewinnern an der Börse zu gehören? Diese Frage scheint es mir wert, untersucht zu werden. In der Regel geht man an eine Sache heran, indem man versucht, so viel wie möglich „richtig zu machen". Wie wäre es, wenn man die klassischen Anfängerfehler studiert, und versucht, so weit es geht, sie zu vermeiden? Hätte man dann nicht bessere Chancen an der Börse?

Zunächst sollten wir uns die wichtigsten Fehler anschauen, und zwar solche, die beginnende Trader oft machen und auch oft wiederholen.

Der erste Fehler, der mir in den Sinn kommt, ist das Thema Overtrading. Overtrading entsteht, wenn man das Gefühl hat, immer im Markt sein zu müssen. Anders formuliert, ein beginnender Trader kann das Gefühl bekommen, dass, wenn er keine Position hat, er nicht am Börsengeschehen teilnimmt. Der Trader handelt sozusagen wahllos, was man gemeinhin Overtrading nennt. Er macht viel zu viele Trades ohne Sinn und Verstand. Man sagt ja nicht von ungefähr: Trade deinen Plan. Ganz eindeutig machen Trader zu viele Trades, die eben nicht nach ihrem Plan durchgeführt wurden. Das ist leicht gesagt, denn wenn man noch keine Börsenerfahrung hat, wie soll man wissen, was gute Trades sind und was nicht? Man möchte ja loslegen, wenn man als Trader startet. Wie sollte man denn sonst Erfahrung sammeln? Und jetzt komme ich daher und sage dem neuen Trader: Du sollst gerade nicht loslegen, sondern warten und selektiv sein, bis nur die allerbesten Gelegenheiten kommen. Zugegeben, das ist keine einfache Forderung, aber sie ist wichtig, wenn Kapitalerhalt dein erstes Ziel sein soll.

Ein *zweiter Fehler*, den auch ich oft gemacht habe, ist, dass man sich viel zu viel mit Charts beschäftigt. Manche Trader studieren die ganze Zeit Charts. Sie schauen sich dutzende, hunderte von Charts an, im Internet, auf ihrer Trading-Plattform. Sie sehen sich Aktien, Indizes, Währungen an und so weiter und so fort. Es wäre, als würde man erst dann Chancen entdecken, wenn man möglichst viele Charts studiert. Manche sind der Meinung, sie wären in der Lage, irgendwo etwas sehen, was die anderen Trader gleichsam übersehen haben. Als gäbe es irgendwo neue Informationen zu entdecken, die man nicht schon längst in den wichtigsten Indizes bereits gesehen hat. Das ist nicht der Fall. Denn es ist ja so: Die Märkte sind hochgradig korreliert. Das bedeutet, sie laufen für einen großen Teil im Gleichschritt. Wenn der Index zu fallen beginnt, kann man davon ausgehen, dass die meisten Aktien in diesem Index auch fallen – und umgekehrt. Man nennt das Korrelation.

Dafür sorgen natürlich all die Algorithmen, die Kauf und Verkaufsentscheidungen treffen. Dem Trader muss auch bewusst sein, dass heutzutage über siebzig Prozent der Transaktionen nicht mehr von Menschenhand gemacht werden, sondern von Computerprogrammen vollzogen werden. Dies gilt für Aktien, für die Währungsmärkte und auch für die Rohstoffmärkte, die alle hochgradig korreliert sind.

Von daher kann man ruhig sagen, dass, wenn der Trader die Charts der Hauptmärkte gesehen hat, er sie im Grunde genommen alle gesehen hat.

Es ist daher überhaupt nicht nötig, die Charts von allen Aktien in einem Index immer wieder zu studieren und neu zu betrachten, es sei denn, der Trader hat sich wirklich auf das Traden von Aktien spezialisiert. Ich bin mir durchaus darüber im Klaren, dass die Gewichtung einiger Aktien in manchen Indizes extrem ist. Gerade im Nasdaq100 sind die bekannten Schwergewichte wie Apple, Amazon, Alphabet und Co. so dominant, dass im Grunde fünf oder sechs Aktien bestimmen, wohin der Gesamtmarkt geht. Es reicht von daher durchaus, wenn der Trader auf eine kleine Liste der wichtigsten Finanzmärkte oder der wichtigsten Indikatoren schaut. Hier ist meine Liste:

- Rendite der zehnjährigen US-Staatsanleihen (US Government Bonds 10YR)
- EURUSD und US Dollar Index (DXY)
- Goldpreis
- S&P 500, Nasdaq100, Dow Jones
- DAX, EURO STOXX 50
- WTI Crude Oil
- VIX
- Bitcoin

Weiß man, was in diesen Indikatoren gerade passiert, erkennt man in wenigen Minuten die aktuelle Haupttendenz an den Finanzmärkten, und das ist schon viel, denn die Haupttendenz sagt dem Trader, wie er sich am besten verhält.

Steigen die Aktienmärkte seit Wochen, hat er natürlich die besten Chancen, Geld zu verdienen, wenn er temporäre Schwächen/Korrekturen nutzt, um Long-Positionen zu eröffnen. Gehen die Märkte seitwärts, kann er sowohl mit Long und Short-Positionen Geld verdienen. Fallen die Märkte, geht er am besten Short. Das gilt für die Aktienmärkte, aber natürlich auch für die Währungen. Steigt der US Dollar Index seit Tagen oder gar Wochen, dann stellt man sich besser nicht gegen den Dollar. Es ist einfache Logik, aber viele versündigen sich dagegen und gehen trotzdem Long in den Euro oder das Pfund. Wer die Haupttendenz versteht, erkennt auch, wohinein das Geld aktuell fließt.

Ein dritter Fehler, den ich oft beobachte, ist die übermäßige Zeit, die man mit dem Studium von Nachrichten verbringt. Es gibt einen Wirtschaftskalender und täglich werden unzählige Nachrichten veröffentlicht. Die allermeisten dieser Nachrichten und Meldungen haben keinerlei Einfluss auf das Marktgeschehen. Es wäre besser, sie gar nicht erst anzusehen. Nur einige wenige Veröffentlichungen sind relevant, und auch diese oft nur bedingt, denn es passiert selten, dass selbst eine überraschende Zahl in der Lage wäre, die oben erwähnte Haupttendenz des Marktes zu verändern. In dem Augenblick, in dem die Zahl veröffentlicht wird, sieht man, dass die Volatilität eine Weile lang ansteigt und nach einer Stunde beruhigt sich der Markt wieder. Wir haben dann wieder „Business as usual".

Worauf jeder Trader natürlich schon ein Auge haben sollte, ist die monetäre Politik der wichtigsten Notenbanken. Das sind die wichtigsten Informationen. Man sollte wissen, wann diese stattfinden und was dort möglicherweise auf dem Spiel steht. Aber selbst hier bekommt man meistens nur die Bestätigung dessen, was der Markt sowieso schon eingepreist hat. Es kann Überraschungen geben, aber sie treten nicht häufig auf. Beschäftige dich also nicht allzu viel mit Nachrichten oder Fundamentaldaten, vor allem nicht, wenn du ein Kurzfrist-Trader, Daytrader oder Scalper bist. Es bringt dir nichts und du brauchst es nicht.

Der vierte Fehler ist schon etwas schwieriger zu verstehen. Er betrifft den *Erwartungswert* jedes einzelnen Trades, den der Trader durchführt. Was meine ich damit?

Der Trader kann nicht vorab wissen, ob der Trade, den er gerade macht, einen Gewinn oder einen Verlust bringen wird. Das Ergebnis ist reiner Zufall. Selbst wenn sein System eine hohe Trefferquote von zum Beispiel 70 Prozent aufweist, bedeutet das doch, dass immer noch dreißig Prozent seiner Trades in einem Verlust enden werden. Das Problem ist nun, dass der Trader nicht weiß, welcher der Trades, die er heute oder morgen macht, ein Verlierer oder ein Gewinner sein wird. Macht er hundert Trades, weiß er nicht, ob es Trade Nummer 27, 28 oder 67 sein wird, der ihm den größten Gewinn bringen wird. Was ich hier sage, scheint eine Banalität zu sein, und dennoch wird diese schlichte Tatsache von den meisten Tradern nicht wirklich akzeptiert. Sie verstehen nicht, dass der einzelne Trade im Grunde keine Bedeutung hat. Natürlich fühlt sich der Trade, den der Trader jetzt gerade macht, immer am wichtigsten an, weil er gerade im Markt ist und sich im Plus oder Minus befindet. Aber nach 1000 Trades wird er merken, dass dieser einzelne Trade fast keine Bedeutung hat. Das ist für einen Anfänger schwer zu akzeptieren. Frühestens nach 500 oder gar 1000 Trades weiß der Trader, ob er über die Fähigkeit verfügt, insgesamt mehr Gewinn als Verlust zu machen.

Es ist also ein psychologisches Problem. Das bedeutet, dass sich der Trader emotional von jedem einzelnen Trade lösen sollte. Nur nach einer ganzen Reihe von Trades beginnt man bestimmte Muster zu erkennen. Und diese Muster zeigen natürlich, ob der Trader traden kann oder nicht.

Dann gibt es noch *einen fünften Fehler*, und das ist natürlich ein Klassiker: Man sollte der Versuchung widerstehen, einem verpassten Trade hinterherzulaufen. Jeder Trader hat diese Erfahrung gemacht. Er hat im Chart einen bestimmten Punkt entdeckt, an dem er kaufen möchte. Und dann passiert es, dass der Markt genau das tut, was er erwartet hat, aber aus irgendeinem Grund schafft er es nicht, einzusteigen. Nach wenigen Minuten stellt er fest, dass er hätte einstigen sollen. Er hat es aber nicht getan. Und was machen viele Trader dann? Sie steigen trotzdem ein, obwohl der Trade bereits läuft. Das nennt man dem Trade hinterherlaufen. Es ist, als würde man versuchen, einem Zug hinterherrennen, der schon längst den Bahnhof verlassen hat. Ich rate wirklich davon ab, diesen Fehler zu machen. In der Regel wird man einen viel schlechteren Preis bekommen als ursprünglich beabsichtigt. Mit anderen Worten: Das Chance-Risiko-Verhältnis verschiebt sich dramatisch gegen den Trader. Wenn man einen viel schlechteren Einstiegspreis bekommt, bedeutet dies, dass der Trader mit einem viel größeren Stop arbeiten muss. Das mögliche Kursziel ist auch nicht mehr so günstig wie es sein sollte. Es ist also nur zum Nachteil des Traders, wenn er dem Zug hinterherrennt. Die Idee für den Trade war da, aber er hat die Chance verpasst. Es ist besser zu verzichten: Der nächste Trade kommt bestimmt.

Wer aufmerksam gelesen hat, wird festgestellt haben, dass die meisten dieser fünf Fehler mit *Ungeduld* zu tun haben. In irgendeiner Form handelt es sich um das Unvermögen, auf das richtige Signal oder auf den richtigen Moment zu warten. Das ist besonders für Daytrader und Scalper wichtig. Diese Trader leben vom Timing und sind auf genaue Signale angewiesen. Sie müssen lernen, Geduld zu haben und auf den richtigen Moment warten können. Wenn man diese fünf Fehler analysiert, wird man feststellen, dass sie alle mit dem Unvermögen zu tun haben, warten zu können. Und das ist auch verständlich. Wer hat am Anfang seiner Börsenkarriere schon Geduld? Ich hatte sie nicht. Niemand hat sie.

Und deswegen denke ich, dass die Lernkurve eines Traders viel damit zu tun, die Ungeduld aus seinem Verhalten zu streichen. Das hängt natürlich mit Erfahrung zusammen. Je mehr Geduld du hast, desto besser werden deine Ergebnisse sein. Der Trader sollte sich selbst beobachten und wenn er merkt, dass er einem Trade hinterherläuft, oder einen Trade macht, ohne einen vernünftigen Grund zu haben (meist aus Langeweile) innehalten. Er sollte sich die folgende Frage stellen: Erfüllt der Trade, wenn ich ihn jetzt ausführe, immer noch meine Bedingungen? Oft wird man dann feststellen müssen, dass dies nicht der Fall ist.

12. Erst kommen die Schmerzen und dann das Geld

„Erst kommen die Schmerzen und dann das Geld". Das ist ein Börsenspruch des bekannten ungarisch-deutsch-französischen Spekulanten André Kostolany. Trader war er nicht, sondern Investor und Spekulant. Wenn du ihn noch nicht kennst, würde ich das Buch „Die Kunst über Geld nachzudenken" empfehlen oder das bekannte „Börsenseminar" und „Die besten Geldgeschichten."

Ich habe sehr von den Büchern von André Kostolany profitiert, auch wenn die meisten schon vor mehr als zwanzig Jahren veröffentlicht wurden, in einer Zeit, wo die Börse noch nicht so digitalisiert war wie heute. Und doch muss man sagen, dass die Weisheiten Kostolanys nach wie vor gültig sind. Er hat seine Erfahrungen auf seine unvergleichliche Art mit viel Humor mittgeteilt. Es ist ein wahres Vergnügen das zu lesen, auch heute noch. Und man kann viel daraus lernen.

Jetzt möchte ich mal etwas tiefer auf einen bekannten Spruch von ihm eingehen: „Börsengewinne sind Schmerzensgelder", oder anders gesagt: „Erst kommen die Schmerzen und dann das Geld".

Das ist eine Erfahrung, die die meisten Trader machen müssen, wenn sie an der Börse starten. Wenn sie die Börse für sich entdecken, stürzen sich die meisten mit viel Begeisterung in die Sache, aber müssen dann schnell feststellen, dass es nicht so einfach ist. Bis auf sehr wenige Ausnahmen machen die allermeisten Trader am Anfang ihrer Traderkarriere Verluste.

Und das tut weh. Das sind die Schmerzen, von denen Kostolany spricht.

Ich selbst bekomme häufig Mails von Tradern, die mir schreiben, nachdem sie ein Buch von mir gelesen haben. Manche von ihnen erzählen mir ihre ganze Geschichte. Manchmal tut es wirklich weh, diese zu lesen. Die Geschichten ähneln sich. Es ist die alte Story eines Traders, der Tausende, in manchen Fällen Zehntausende von Euros verzockt, obwohl er in irgendwelche teuren Ausbildungen investiert hat, die ihm nicht geholfen haben. Das sind traurige Geschichten und diese Trader tun mir richtig leid.

Dennoch muss ich sagen, dass diese Schmerzen notwendig sind und in gewisser Weise sogar etwas Gutes an sich haben. Denn wenn man es genau betrachtet, wird man feststellen, dass in diesen Schmerzen, in diesen Verlusten, die größten Lektionen verborgen sind. Genau da lernt der Trader das Geschäft, indem er zunächst auf schmerzvolle Art und Weise lernt, was *nicht* funktioniert. Die Börse gibt dem Trader Ohrfeigen, nicht nur einmal, sondern regelmäßig. Oder sie gibt dem Trader hin und wieder einen Tritt in den Hintern. Es ist, als würde die Börse den Trader von allen Seiten kneten, bis er so geformt ist, dass er in der Lage ist, Gewinne zu machen. Man muss das Geschäft lernen. Offenbar ist es für die allermeisten Trader so, dass sie Schmerzen erleiden müssen. Von daher ist dieser Spruch von André Kostolany durchaus richtig, dass erst die Schmerzen kommen und dann das Geld.

Es ist wie bei einem Kind. Wenn wir zum ersten Mal an die Börse gehen, sind wir wie Kinder. Jeder Erwachsene weiß, dass man seine Finger nicht auf eine heiße Herdplatte legen sollte, aber ein kleines Kind weiß das nicht. Ein kleines Kind muss das erst erfahren. Das gleiche passiert, wenn es anfängt, Fahrrad zu fahren. Ich bin als Kind auf meinem ersten Fahrrädchen mehrmals umgefallen. Ich bin sogar in den Graben gefahren, zum Gelächter meiner Familie. Aber nur auf diese Art und Weise lernt man es.

Leider hören manche Trader genau an der Stelle auf, wenn sie die meisten Schmerzen empfinden. Und ehrlich, es tut auch weh, Geld zu verlieren. Deswegen sollte der Trader natürlich versuchen, am Anfang so wenig wie möglich zu verlieren. Deswegen ist der Rat auch richtig, dass man am Anfang möglichst mit kleinen Summen handeln und nicht gleich Haus und Hof riskieren sollte – weil man durch diese Schmerzenszeit hindurchmuss.

Darum empfehle ich die Lektüre der Bücher von André Kostolany. Man liest über seine eigenen Erfahrungen, die er in seiner langen Börsenkarriere gemacht hat. Er spricht ja offen über seine Erfolge *und* seine Misserfolge. Unbezahlbar sind die Anekdoten, die er immer wieder in seine Geschichten hineingebaut hat. Man liest zum Beispiel, nicht ohne Staunen, dass selbst erfahrene Trader und Spekulanten gelegentlich danebenliegen und riesige Verluste erleiden. Niemand ist davor gefeit. Selbst die erfahrensten Trader und Spekulanten machen Fehler, jedoch haben sie gelernt, damit umzugehen.

Vor einiger Zeit entschied ich mich dazu, eine Short-Position im Kaffee-Future einzugehen, da der Kaffeepreis um über 100 % gestiegen war. Ich dachte, dies sei doch wohl ein bisschen übertrieben und eröffnete eine Short-Position. Prompt erteilte mir die Börse eine Lektion. Der Kaffeepreis stieg weiter, und ich musste einen Verlust hinnehmen. Glücklicherweise hatte ich nur einen einzelnen Future-Kontrakt gekauft. Dennoch schmerzte der Verlust richtig, da ich nicht damit gerechnet hatte.

Das ist etwas, was man an der Börse immer wieder erfahren wird, egal wie viel Erfahrung man zu haben glaubt. Die Börse wird einem immer wieder eine Lektion erteilen. Diese schmerzhaften Erfahrungen wiederholen sich immer wieder. Jedoch lernt man im Laufe der Zeit, damit umzugehen. Das ist vielleicht der Unterschied zwischen einem etwas erfahrenen Trader und einem Anfänger.

Deswegen ist es von großer Bedeutung, selbst wenn man bereits große Erfolge erzielt hat, Demut zu bewahren. Demut ist vielleicht nicht die Eigenschaft, die man von einem Trader erwarten würde, aber sie ist in meinen Augen eine der wichtigsten. Ich empfehle auch deshalb die Bücher von Kostolany, weil man dank seiner Anekdoten und Börsengeschichten genau diese Demut erlernt. Sie stecken voll von Geschichten von Tradern, die erhebliche Verluste haben einstecken müssen, gerade dann, als sie sehr von einem Trade überzeugt waren. Dieses Scheitern aufgrund von Besserwisserei oder Überheblichkeit findet man oft auch bei Menschen, die über ein großes Vermögen verfügen. Kostolany kannte nicht wenige Industrielle. Diese Leute dachten: „Ich bin ein erfolgreicher Industrieller, also werde ich auch an der Börse Erfolg haben." Viele dieser vermögenden Personen sind an der

Börse genauso auf die Nase gefallen und haben viel Geld verloren. Es ist der Börse egal, ob du nur ein paar tausend Euros hast oder hundert Millionen. Jeder bekommt Ohrfeigen!

Wenn man seine Börsenkarriere mit Verlusten begonnen hat ist das völlig normal. Das hat nichts damit zu tun, dass man dumm ist. Jeder – ob reich oder arm – durchläuft diese Verlustphase, die Schmerzensphase. Denn: „Zuerst kommen die Schmerzen, und dann das Geld!"

13. Warum suchst du eine Abkürzung zum Erfolg?

Warum versuchen so viele Trader eine Abkürzung zum Erfolg zu finden, obwohl doch jeder weiß, dass bedeutende Erfolge im Geschäftsleben nur durch harte Arbeit, Schweiß und Anstrengung erlangt werden können? Das klingt vielleicht nicht verlockend, aber an der Börse ist es nicht anders als in anderen Berufen.

Wenn man beispielsweise eine Karriere in einem großen Konzern machen möchte, sollte man sich darauf einstellen, hart zu arbeiten und Überstunden leisten zu müssen. Unter Umständen muss man an den Wochenenden arbeiten. Das ist jedoch als Börsianer oder Trader nicht erforderlich. Gründet man selbst ein Unternehmen, muss man ebenfalls damit rechnen, an den Wochenenden zu arbeiten und viel mehr Stunden als die sogenannte 40-Stunden-Woche zu leisten, sofern sie überhaupt noch existiert.

Warum also versuchen viele Trader eine Abkürzung zum Erfolg zu finden? Oder anders ausgedrückt: Warum suchen sie nach einem Trick, um die Börse zu überlisten? Warum suchen sie nach irgendeinem Wunderindikator, der ihnen genau sagt, wann sie kaufen und verkaufen sollen? Sie möchten sich die mühsame tägliche Arbeit ersparen, den Chart zu studieren, den Trade richtig zu managen, und vor allem die schwierige Entscheidung zu treffen, ob man Gewinne mitnimmt oder nicht. Das alles ist keine leichte Aufgabe und erfordert Zeit, um es zu erlernen. Trotzdem überlegen viele Trader, ob man die Börse nicht doch überlisten könnte – durch einen Trick, einen Indikator, eine geheime Strategie oder ein geheimes System, der ihnen den kürzesten Weg zum finanziellen Erfolg zeigt – obwohl sie eigentlich genau wissen, dass es so nicht läuft.

Einer dieser Tricks – eine dieser Abkürzungen – ist die sogenannte *Arbitrage*. Was ist das? Um dem Leser davon eine Idee zu geben, was Arbitrage beinhaltet, können wir in die Geschichte der Börse blicken. Ein Beispiel wäre, als am Ende des 19. Jahrhunderts in den USA das Telefon eingeführt wurde. Damals konnte man, wenn man an der Westküste der Vereinigten Staaten lebte und an der Pacific Exchange in San Francisco amerikanische Aktien handelte, in New York anrufen und dort die Preise oder Kurse erfragen. Das war natürlich für diejenigen lukrativ, die zu den ersten gehörten, die ein Telefon hatten, denn dadurch hatte man einen Vorsprung von einigen Stunden und konnte rechtzeitig in San Francisco handeln, um damit ein Arbitrage-Geschäft zu machen. Man konnte sich in Aktien einkaufen, bevor die Masse der Anleger es einige Stunden danach taten und gleichsam risikolos einen Gewinn einstreichen. Das funktionierte eine Zeit lang. Aber natürlich bekamen schließlich alle Börsenhändler Telefone, und dann funktionierte das nicht mehr. Der Vorteil war weg. So ist es im Grunde immer mit Arbitrage-Geschäften. Sie funktionieren eine Weile, wenn durch technische Veränderungen eine kleine Lücke entsteht – sei es ein kleines Zeitintervall oder ein kleiner Vorteil im System. Aber irgendwann schließt sich diese Lücke und die Möglichkeit, durch dieses Arbitrage-Geschäft Geld zu verdienen, verschwindet.

In Deutschland gibt es verschiedene regionalen Börsen. Ein Trader könnte Folgendes versuchen: Er könnte die Aktie von Siemens in Berlin kaufen und sie zehn Sekunden später in München wieder verkaufen, weil sie in München einige Cents höher notiert steht. Oder er kauft Siemens in Stuttgart und verkauft dann zwei Sekunden später in Düsseldorf für 10 Cent mehr. Das wäre ein Arbitrage-Geschäft. Ich weiß nicht, ob das immer noch funktioniert, ich praktiziere es nicht. Ich denke wirklich, dass es ein Trick ist, um die eigentliche Arbeit zu umgehen – nämlich die Aktie von Siemens zu analysieren und auf dieser Grundlage wohlüberlegte Trades zu tätigen.

Nicht wenige versuchen, solche Schlupflöcher zu finden, die die mühsame Arbeit des Tradens umgehen. Auch ich gehörte in meinen Anfangsjahren zu diesen Schlitzohren! Auch ich habe versucht, mit Arbitrage-Geschäften Geld zu verdienen. So habe auch ich zum Beispiel aufgrund von Beobachtungen ein richtiges Arbitrage-Geschäft entdeckt, das, so weit ich weiß, nur von mir ausgenutzt wurde. Ich habe mir immer wieder unterschiedliche Broker angeschaut und in den frühen 2000er-Jahren, als die ersten CFD-Broker in Europa und auch in Deutschland auftauchten, bei mehreren von ihnen ein Konto eröffnet. Ich hatte auch ein Konto bei einem „internationalen Broker", der keine europäische Lizenz hatte. Bei diesem Broker konnte man Währungen und CFDs handeln, allerdings nur eine beschränkte Auswahl an Aktien. Zum Beispiel hatte dieser Broker ein Segment, das „German Stocks" hieß, also deutsche Aktien, das meine besondere Aufmerksamkeit hatte. Man konnte noch nicht mal alle Aktien aus dem DAX handeln, vielleicht zehn oder zwölf insgesamt. Man konnte Deutsche Bank, Siemens, Allianz – die wichtigsten Aktien aus der Zeit – traden. Ich hatte damals ein Xetra-Abonnement, also hatte ich Zugriff auf Echtzeitkurse. Ich beobachtete das Orderbuch in Xetra und handelte dann mit CFDs.

Üblicherweise sucht der Markt bei der Börseneröffnung in New York, um 15:30 Uhr europäischer Zeit, erst eine Richtung. Zunächst müssen die Broker alle möglichen Kundenorders ausführen, was das übliche Hin und Her in dieser ersten Stunde verursacht. Die amerikanischen Aktien gehen rauf und runter, und die großen deutschen Aktien machen dieses Auf und Ab mit. Sie steigen zum Beispiel um 20 Cent und fallen um 30 Cent und so weiter. Das geht eine halbe bis dreiviertel Stunde so. Danach ist es vorbei. Irgendwann findet die Börse in New York eine Richtung und dann beginnt oft ein Trend.

Ich hatte festgestellt, dass die Kursstellungen bei meinem „internationalen CFD-Broker" mit einer Zeitverzögerung von drei bis fünf Sekunden auf das reagierten, was bei Xetra zu sehen war. Irgendwann bin ich darauf gekommen, dass die Kurse nach dem „Last Price" getaxt wurden, also nicht nach Bid und Ask. Die Kursstellungen kamen also immer ein bisschen zeitverzögert bei meinem „internationalen Broker" an. Die Folge war, dass ich schon drei bis fünf Sekunden bevor der CFD-Broker auf die Kurse in Frankfurt reagierte, wusste, was in den Aktien von Deutsche Bank, Siemens und Allianz passierte. Diese drei bis fünf

Sekunden mögen einem vielleicht unbedeutend vorkommen, aber für einen schnellen Scalper wie mich ist das eine kleine Ewigkeit. Mit anderen Worten, ich konnte bei dem CFD-Broker Short oder Long gehen, weil ich vorab wusste, dass die Aktie jetzt um 20 oder 25 Cent steigen oder fallen würde. Wenn man das mit tausend Stück macht, kommt dabei schon einiges heraus. Mit anderen Worten: Ich war in der Lage, nach der Eröffnung in New York, diesen CFD-Broker zu scalpen – nicht den Markt scalpen, sondern den CFD-Broker, der so dumm war, verzögerte Kursstellungen anzubieten. Und ich war damit sehr erfolgreich. Es war das perfekte Geschäft!

Ich weiß nicht mehr genau, welche Summen ich damit verdient habe, aber man konnte damit mehrmals in den Urlaub fahren. Jeden Tag setzte ich mich kurz vor Börseneröffnung in New York hin und scalpte fröhlich die Aktie der Allianz oder Siemens und machte fast immer Gewinn, als hätte ich eine Glaskugel und konnte die Zukunft vorhersagen.

Die Glaskugel funktionierte aber nur so lange, bis mir der Market-Maker dieses internationalen Brokers auf die Schliche kam. Der hat natürlich irgendwann gemerkt, dass da etwas nicht stimmt. „Der Kerl macht einfach viel zu viel Gewinn", wird er wohl gedacht haben, „Der ist einfach zu gut". Und irgendwann hat mir der Broker keine Stücke mehr gegeben. Sie haben mir keine Aktien mehr gegeben, also konnte ich nicht mehr handeln. Der Market-Maker hatte mich entdeckt und schaltete mich ab. Einfach so.

Das können sie. Ein Broker ist ein Unternehmen, und die können jederzeit entscheiden, mit wem sie Geschäfte machen und mit wem nicht. Einen Trader, der täglich Erfolg hat und ihr eigenes System überlistet, kann ein Broker, der einigermaßen bei Sinnen ist, nicht akzeptieren. Also hat er mich abgeschaltet und den Handel für mich gesperrt.

Ich habe diese „Arbitrage-Chance" vielleicht sechs, sieben Wochen machen können, bis der Market-Maker mich entdeckte, und dann war mein Geschäft zu Ende.

Und das ist es ja nun genau. Wenn man immer auf der Suche nach solchen Lücken oder solchen Arbitrage-Geschäften ist, hat man vielleicht mal für eine gewisse Zeit ein großartiges Geschäft. Aber sobald sich die Umstände ändern oder wenn der Broker den Hahn abdreht, hat man plötzlich kein Geschäft mehr.

Deswegen sollte man auch nicht nach solchen Tricks, nach solchen Pseudochancen suchen. Es sind keine wirklichen Chancen. Irgendwann kommt der Tag, an dem man das Trading-Geschäft trotzdem richtig lernen muss, mit allem Drum und Dran, mit Risikomanagement, Stop-Management und Positionsgrößenbestimmung. Irgendwann muss man wirklich traden lernen. Und traden heißt nichts anderes, als in der Summe mehr Gewinne zu machen als Verluste. Das ist Traden. Denn Verlust-Trades gehören dazu. Auch wenn Verlust-Trades keine Freude bereiten – und das tun sie wahrlich nicht, jeder Verlust ist ein kleiner Schmerz, den auch ich nach zweiundzwanzig Jahren spüre. Irgendwann muss man lernen, mit Verlusten umzugehen. Denn genau dieser fast kindliche Wunsch, nur Gewinn-Trades zu haben, verführt Trader dazu, solche Abkürzungen zu suchen, wie ich sie eben beschrieben habe. Sei es, dass man ein Programm kauft mit irgendeinem Wunderindikator oder einer geheimen Strategie, die von einem schlitzohrigen Trader propagiert wird. Sei es, dass man wie ich selbst etwas entdeckt, worauf bislang keiner gekommen ist.

Mir sind keine geheimen oder unfehlbaren Strategien bekannt. Vielleicht gibt es irgendwo in der Welt einen Softwareingenieur, der im stillen Kämmerlein etwas entwickelt hat, das nahezu perfekt funktioniert. Mag sein. Aber wenn es so wäre, würde man sicher nicht davon erfahren. Denn wenn man wirklich so etwas entwickelt hätte, warum sollte man das mit irgendjemand anderem teilen wollen? Oder warum sollte man es in einem Buch oder gar im Internet veröffentlichen? Wenn man das einsieht, hört man auch auf, danach zu suchen! Wer so etwas im Internet anbietet, versucht nur auf deinem Rücken und durch deine Naivität Geld zu verdienen. Das funktioniert immer, weil die Gauner, die solche Versprechungen machen und „perfekte Systeme" verkaufen, wissen, dass die menschliche Natur schwach und ständig auf die Suche nach einem Wundermittel ist.

Wer nach Abkürzungen sucht, stellt sein Geschäft auf wackelige Beine, denn irgendwann schließt sich die Lücke, wie es bei mir der Fall war, und dann kann man wieder von vorne anfangen. Deshalb sollte man das Geschäft gleich richtig erlernen. Langfristig wird man damit eher Erfolg haben! Dann hat man auch ein richtiges Geschäft, das hoffentlich unabhängig von einem spezifischen Broker oder von einer bestimmten Software funktioniert. Denn ist die Strategie von einem Feature in der Handelsplattform eines spezifischen Brokers abhängig, verlierst du dein Geschäft, sobald der Broker aufhört zu bestehen, oder wenn er dich aus irgendeinem Grund rauswirft, wie es mir passiert ist. Wenn er pleitegeht oder das Geschäft aufhört oder er seine Lizenz verliert, dann steht man plötzlich ohne Geschäft da. Meine Empfehlung lautet daher, dass der Trader sein Börsengeschäft unabhängig von irgendwelchen Gegebenheiten, die er nicht kontrollieren kann, aufbauen sollte.

14. Gibt es eine Alternative zur Technischen Analyse?

Es hat lange gedauert, bis ich selbst erfolgreich und profitabel wurde. Ich habe sieben Jahre gebraucht, um an diesen Punkt zu gelangen. Wie so viele Trader habe ich angefangen, nach verschiedenen Handelssystemen zu suchen und mich eingehend mit der Technischen Analyse zu beschäftigen. Man lernt einiges über Indikatoren und über bestimmte technische Muster, die man auf dem Chart erkennen kann. All diese Dinge habe ich in meinen ersten Jahren studiert und ich versuchte, auf Basis dieser Prinzipien zu handeln. Aber trotz all diesem Wissen war ich nicht erfolgreich.

Eines Tages war ich am Meer, und dort ist mir zum ersten Mal aufgegangen, wie ich traden sollte. Jeder kennt diese Erfahrung, dass man sich an einem Strand befindet, und man sich Zeit nimmt um auf das Meer zu schauen. Irgendwann fängt man an, etwas zu sehen. Man fängt an, das Auf und Ab der Wellen zu beobachten. Es ist etwas Wunderschönes, und es hat bekanntlich eine beruhigende Wirkung. Jedes Mal, wenn ich am Meer bin, mache ich das, es ist sehr entspannend. Und eines Tages, als ich am Strand saß und über mein Handelsgeschäft nachdachte, begann ich, etwas zu sehen. Ich beobachtete, wie die Wellen kamen und gingen. Die Welle rollt auf den Strand zu und zieht sich dann wieder zurück. Und dann kommt schon die nächste Welle, die sich ebenfalls wieder zurückzieht, und so weiter. Wenn man mit etwas Abstand das Kursgeschehen auf einem Chart beobachtet, bemerkt man, dass das im Grunde genommen das Gleiche ist. Eine Kaufwelle kommt und wird wieder abverkauft. Die nächste kommt und wird auch wieder abverkauft. Es ist das gleiche Prinzip. Nur selten wird man einen Trend auf einem Chart beobachten können, der nur eine Richtung kennt. Das gibt es, aber es sind Ausnahmen.

Und als ich am Strand stand und diese Wellenbewegungen vom Meer beobachtete, dachte ich: Wenn das genau das gleiche Prinzip ist wie an der Börse, wie könnte man auf diesen Wellen reiten, sodass daraus ein profitables Trading-Geschäft wird? Gibt es eine Möglichkeit, diese Kauf- und Verkaufswellen zu traden, genauso wie ein Surfer, der mit den Wellen oder mit der Kraft der Wellen vorwärtsgetrieben wird? Er benutzt nicht die eigene Muskelkraft. Er hat gelernt, die Dynamik und den Schwung der Wasserwellen zu benutzen, um sie zu reiten.

Ich dachte mir, wäre das nicht eine fantastische Art zu traden, wenn man genauso wie der Surfer auf seinem Surfbrett die Wellen reitet? Jedes Mal, wenn ich so einen Surfer sehe, bin ich beeindruckt davon, wie er in der Lage ist, die Wellen so zu beherrschen. Diese Menschen können auf dem Surfbrett aufrecht bleiben und dann lernen sie, die Welle selbst zu reiten. Es ist wirklich fantastisch, wenn man nur einen Augenblick darüber nachdenkt. Ich stand am Strand und schaute mir so einen Surfer an, und dachte: Könnte ich so handeln wie dieser Surfer, der die Wellen reitet?

Dann gab es einen Moment in meiner Handelskarriere, in dem ich etwas entdeckte. Wie die meisten Trader habe ich zunächst mit Candlestick-Charts gehandelt. An diesem Chart-Typ ist nichts auszusetzen. Er enthält eine Menge Informationen, und ich bin sicher, dass Trader mit Candlestick-Charts erfolgreich traden können. Nur ich konnte es nicht! Ich habe es versucht. Und ich habe ebenfalls versucht, mit all den technischen Mustern, die man aus Büchern über die Technische Analyse lernen kann, zu handeln. Ich habe Dreiecke gehandelt, Flaggen, Wimpel, Ausbrüche, kurzum, so ziemlich alles, was die Mustererkennung der Technischen Analyse aufbietet. Es hat einfach nicht funktioniert. Nun ja, das ist meine Geschichte, und ich will das nicht verallgemeinern.

Dann entdeckte ich eines Tages einen Chart-Typ, von dem bislang noch nie gehört hatte. Dieser Chart ist eine genauso legitime Art, die Kurse darzustellen. Genauso wie die Candlesticks kommt auch dieser Chart aus Japan. Japaner verfügen über eine fantasievolle Methodik, den Verlauf eines Kurses graphisch darzustellen. Darin sind sie wirklich Meister! Und der Chart-Typ, von dem ich spreche, heißt Heikin Ashi Chart.

Wer einmal mit diesem Chart zu traden beginnt, wird sehen, dass die Dinge auf einmal sehr einfach und klar werden. Heikin Ashi Candles holen alles überflüssige Rauschen aus der Darstellung heraus. Die Wellen, die man am Meer beobachten kann, werden auf einmal auch auf einem Börsenchart sichtbar.

Auf einmal konnte ich sie sehen, und in diesem Moment begann ich, ein profitabler Trader zu werden. Der Heikin Ashi Chart machte es möglich, die Kauf- und Verkaufswellen zu identifizieren – genauso wie der Surfer in der Lage ist, die Meereswellen zu reiten. Es ist die besondere Darstellung des Heikin Ashi Charts, die die Trends sichtbar macht. Und was natürlich für einen Trader von besonders großer Bedeutung ist: Dieser Chart zeigt dir genau den Augenblick, in dem sich der Trend ändert, indem sich eine andere Farbe in der Darstellung auftaucht. Sind die Kerzen grün, steigt der Markt. Sind sie rot, fällt er.

Das hat für mich dazu geführt, dass ich eine völlig neue Art entwickelt habe, Charts zu betrachten und schließlich mit Charts zu handeln. Ich habe eines Tages angefangen, die Märkte mit diesen Heikin Ashi Charts zu traden. Mein Erfolg an der Börse hatte also damit zu tun, dass ich auf etwas gestoßen bin, das zu der Art wie ich traden wollte, passte. Für mich war es das „Wellenreiten mit dem Heikin Ashi Chart".

Nun, wenn man anfängt mit diesem Chart zu traden wird man nicht gleich ein Meister. Genauso wenig wird man gleich ein Supersurfer, der im Herbst nach Portugal fliegt, um die Riesenwellen in Nazaré zu surfen. Manche dieser Wellen sind bekanntlich über zwanzig Meter hoch und haben eine gewaltige Kraft. Als startender Surfer wirst du so etwas nicht gleich können. Genauso haben viele Trader am Anfang Angst, wenn sich eine riesige Verkaufswelle im Chart bildet, beim Umschlagpunkt in den Markt zu gehen und die Gegenbewegung zu kaufen. Es verlangt Mut, Käufer zu sein, wenn alle Welt Short ist. Aber genau darum geht es, wenn man an der Börse Geld verdienen will. Man muss den Mut aufbringen, etwas zu tun, wozu viele nicht in der Lage sind: antizyklisch zu handeln. Aber je öfter der Trader es versucht, desto mehr Freude wird er an dieser Art des Tradens erleben und desto größer werden die Wellen werden, die er „surfen" kann.

Deshalb möchte ich jedem Trader empfehlen, sich Zeit zu lassen, diese Kunst zu erlernen. Er sollte nicht nach drei Wochen zu mir zu kommen und sagen: „Es funktioniert nicht, ich bin nicht erfolgreich, ich mache keine Gewinne". Wie jede Kunst braucht es Zeit. Niemand wird doch ernsthaft davon ausgehen, dass diese Leute, die alljährlich in Nazaré in Portugal ihr Leben riskieren, um Riesenwellen von bis zu dreißig Metern Höhe zu surfen, erst seit drei Wochen dabei sind! Diese Profis haben viele Jahre des Trainings und des Übens hinter sich. Jeden Tag sind sie ans Meer gegangen und haben auf ihrem Surfbrett gestanden, egal wie das Wetter war. Zunächst haben sie mit Wellen von zwei oder drei Metern Höhe begonnen, wie jeder Anfänger, und irgendwann haben sie sich mehr zugetraut, und nach mehreren Jahren ist man vielleicht so weit, dass man nach Portugal fahren kann, wo es diese Riesenwellen gibt. Es ist eben noch nie ein Meister vom Himmel gefallen.

Das gilt natürlich auch für den Börsenhandel. Der Trader muss üben, um ein Meister im Scalping mit dem Heikin Ashi Chart zu werden. Wenn er es jeden Tag macht, wird er vielleicht nach 500, nach 1000 oder 2000 Trades, anfangen damit Geld zu verdienen. Denn wenn der Trader die Kauf- und Verkaufswellen an der Börse zu erkennen beginnt, gibt es keinen Grund, warum er nicht in der Lage sein sollte, regelmäßig Gewinne zu realisieren.

Trading-Erfolg kommt, wenn man eine bestimmte Fähigkeit, eine bestimmte Technik erworben hat. Und diese Fähigkeit kann man nicht innerhalb von drei Wochen erlangen. Eine Fähigkeit erlangt man durch Wiederholung. Die Wiederholung und das Training sind deshalb notwendig, weil man es gleichsam völlig unbewusst können muss, genauso wie man nicht mehr darüber nachdenken muss wie man fahren soll, wenn man sich in ein Auto setzt. Auch der Surfer muss nicht überlegen, wie er es anstellt, wenn er die Welle auf sich zukommen sieht. Er hat gelernt, wie man das Gleichgewicht behält. Er hat gelernt, wie man die unglaubliche Kraft des Wassers für sich nutzen kann.

15. Die drei wichtigsten Bücher über Trading

Drei Börsenbücher haben mich als Trader stark beeinflusst. Sie haben mir wirklich geholfen. Das sind Bücher, die ich gründlich studiert und mehrmals gelesen habe und aus denen ich eine Menge Informationen für meine Trading-Karriere gewonnen habe.

Fangen wir mit dem ersten Buch an: *Clever traden mit System*. Das ist die deutsche Version des Buches, aber es wurde ursprünglich auf Englisch veröffentlicht. Der Autor ist *Van K. Tharp*. Der Titel auf Englisch lautet *Trade Your Way to Financial Freedom*.

Es ist mittlerweile unter Tradern ein berühmtes Buch, obwohl das Thema eigentlich gar nicht sexy klingt: Erfolgreich an der Börse mit Money Management und Risikokontrolle. Diese Inhalte meiden manche Trader lieber. Aber das Wichtigste, was man in diesem Buch lernen kann, ist zu verstehen, was ein Handelssystem ist. Besser gesagt, man lernt zu unterscheiden zwischen dem, was ein gutes Handelssystem und dem was kein gutes Handelssystem ist. Und das ist doch wertvolle Information!

Das Buch enthält auch viele Übungen, die dabei helfen, das besser zu verstehen. Ich selbst machte vor einigen Jahren eine Menge der Übungen zu allen möglichen Trading-Systemen. Sie sind wirklich interessant, und ich würde jedem raten, diese Übungen ebenfalls durchzuführen, denn dadurch bekommt man ein tieferes Verständnis darüber, wie ein robustes Handelssystem aussehen sollte. Man lernt, wie Konzepte wie Gewinnerwartung und Opportunitätsfaktor bestimmend sind für die Profitabilität eines Handelssystem. Anders gesagt: Der Trader beginnt, auf einer tieferen Ebene zu verstehen, was er da eigentlich an der Börse tut. Allein deswegen war es für mich als Trader ein wichtiges Buch. Man braucht keine Vorkenntnisse in Mathematik oder Statistik. Es ist einfaches Rechnen. Die Beispiele sind durch Van Tharp klar vorgegeben und man kann sie für sein eigenes Handelssystem verwenden.

Das zweite Buch habe ich ebenfalls in der deutschen Version gekauft, aber ich werde gleich sagen, was der Originaltitel in Englisch war. Der Autor ist *Gerald M. Loeb* und der Originaltitel lautet *The Battle for Investment Survival*. Zugegeben, das ist ein etwas seltsamer Titel. Auf Deutsch heißt das Buch *Erfolgreich durch den Investment-Dschungel*. Dieser Titel ist, wenn man so will, noch weniger aussagekräftig als der englische Titel.

Dieses Buch wurde 1965 veröffentlicht, es ist also fast sechzig Jahre alt. Und weil der Titel fast gar nichts aussagt, ist es vermutlich ein Buch, das nicht besonders bekannt ist. Wenn ich mit Tradern rede und frage: „Kennst du dieses Buch, *The Battle for Investment Survival*?", sagen die meisten „Nein" oder „Von dem Buch habe ich noch nie gehört".
Für mich war es ein wichtiges Buch, vielleicht weil es zur richtigen Zeit in meine Hände fiel. Ich möchte eine Geschichte erwähnen, die der Autor selbst erzählt. Eines Tages bat ihn sein

Bruder, ihn in den Aktienmarkt einzuführen. Sein Bruder hatte überhaupt keine Börsenerfahrung. Er hatte noch nie in seinem Leben eine Aktie gekauft, und deshalb sollte sein Bruder, der Broker war, ihm zeigen, wie man an der Börse handelt. Der erfahrene Bruder, der Autor also, richtete ihm ein Konto mit 10.000 Dollar ein, was 1965 ziemlich viel Geld war. Aber es gab eine Bedingung. Sein Bruder sagte ihm: „Du kannst mit jeder Aktie handeln" – (zu dieser Zeit handelte man hauptsächlich mit Aktien) – „unter einer Bedingung: du darfst immer nur mit *einer* gleichzeitig handeln". Sein Bruder durfte also nur *eine* Aktie kaufen, nicht zwei oder drei gleichzeitig. Es stand ihm frei, so viele Stücke dieser Aktie zu kaufen, wie er wollte, aber er durfte nicht gleichzeitig mit einer anderen Aktie handeln. Er musste diese eine Aktie also erst verkaufen, bevor er eine andere Aktie handeln durfte.

Das ist eine sehr gute Lektion. Aufgrund dieser Bedingung war der frischgebackene Trader gleichsam gezwungen, nur die allerbeste Aktie aufzutreiben, die zu diesem Zeitpunkt zu finden war. Das ist ein völlig anderer Ansatz als der übliche Rat, den man Anfängern erteilt, nämlich, dass man ein wohl diversifiziertes Portfolio aufbauen sollte, am besten auch noch in unterschiedlichsten Anlageklassen, Sektoren und womöglich auch noch mit Papieren aus verschiedenen Kontinenten.

Gerald Loeb zufolge ist das nicht der richtige Weg, um an der Börse Geld zu verdienen. Denn, wenn man ein Portfolio von zwanzig, dreißig, fünfzig verschiedenen Aktien kauft, kauft man im Grunde den Gesamtmarkt. Nach Ansicht dieses Autors ist es viel klüger, nur *eine einzige Aktie* zu kaufen, und zwar die denkbar beste Aktie.

Die zweite Lektion dieser Geschichte lautete: Wenn man einen Gewinner hat, ist es wichtig zu lernen, aus diesem Gewinner Kapital zu schlagen – also *mehr* von dieser Aktie zu kaufen. Auch dieser Rat an seinen Bruder widerspricht der üblichen Empfehlung, dass man sein Kapital möglichst weit diversifizieren sollte.

Mehr von etwas zu kaufen, das im Gewinn ist, ist eine Dimension des Tradings, die viel zu wenig zur Sprache kommt. Was solltest du tun, wenn du eine Position im Markt hast, die richtig gut läuft? Einfach zuschauen und dich freuen? Das reicht nicht, sagt Gerald M. Loeb. Wenn du einen Gewinner hast, musst du den Mut haben, deine Position in dieser Aktie zu vergrößern. Ein Gewinner im Depot bedeutet, dass du mit deiner Einschätzung richtig liegst, also versuche, das Maximum aus diesem Trade herauszuholen.

Für mich war das eine sehr wichtige Lektion, die mich gelehrt hat, mit guten Trades größere Gewinne zu erzielen. Diese brauchst du, um deine ganzen Irrtümer und Fehltrades zu neutralisieren und am Ende des Geschäftsjahres mit Plus dazustehen. Die Lektion dieses Buches bestätigt meine Erfahrung, dass man in jedem Geschäftsjahr immer wieder einige wenige große Gewinn-Trades haben wird. Das sind Trades, bei denen man zum richtigen Zeitpunkt am richtigen Ort war. Und meist ist man mit diesen Trades auch gleich im Gewinn. Es läuft gleichsam wie von selbst. Statt einfach hinzusehen und sich zu freuen, sind das die Trades, aus denen man Kapital schlagen sollte. Man muss den Mut aufbringen, seine Position in diesem Trade systematisch zu erhöhen.

Das dritte Buch werden viele Leser kennen. Es ist ein berühmtes Buch, nämlich *Market Wizards, Interviews with Top Traders*. Der deutsche Titel lautet *Magier der Märkte, Interviews mit Top-Tradern der Finanzwelt,* geschrieben von Jack D. Schwager. Es gibt eine Reihe von diesen Interviews, unter anderem auch ein Buch, in dem nur Aktientrader zu Wort kommen.

Hier beziehe ich mich auf das erste Buch der Reihe mit dem oben genannten Titel. Wir müssen dem Autor dieser Bücher dankbar sein. Er hatte die Idee, Interviews mit Tradern zu führen und ist dabei sehr tief in die Materie eingestiegen. Er hat sich eingehend mit der spezifischen Strategie jedes Traders beschäftigt. Damit man eine Idee bekommt, wähle ich *einen* Trader, weil man nicht über all diese Trader mit ihren unterschiedlichsten Strategien sprechen kann. Wenn du das Buch liest, wirst du Strategien entdecken, die du nicht für möglich gehalten hättest. Auch ich habe Sachen in diesem Buch entdeckt, die mir völlig unbekannt waren.

Als Scalper habe ich natürlich auch nach Scalpern gesucht, die in dem Buch interviewt wurden. Das Buch hat nicht sehr viele, aber es gibt ein Interview mit Tom Baldwin, der damals noch im Pit (auf dem Parkett) des T-Bond Futures handelte. Er war einer der erfolgreichste Floor-Trader in diesem größten Futures-Markt der Welt. Es ist deshalb interessant, das Kapitel über Baldwin zu lesen, weil die Art und Weise, wie er auf die Fragen von Jack Schwager antwortet, aufschlussreich ist. Tom Baldwin war besonders wortkarg, was gewissermaßen seinem Trading-Stil, dem Scalping entspricht. Ein Auszug:

- Verwenden Sie immer noch denselben grundlegenden Handelsstil, mit dem Sie angefangen haben?

Antwort: „Genau."

- Ist die Tatsache, dass Sie mit einem charttechnisch beeinflussten Handelsstil begonnen haben, ein Schlüsselelement für Ihren Erfolg?

Antwort: „Ja."

- Gab es Phasen, in denen Sie nicht erfolgreich waren, oder blieben Sie beständig?

Antwort: „Beständig."

- Hatten Sie auch Monate, in denen Sie verloren haben?

Antwort: „Ja, ich hatte einen oder zwei."

- Aber nicht zwei nacheinander?

Antwort: „Nein. Niemals."

Und so geht es immer weiter mit diesen Zen-artigen Antworten von Tom Baldwin. Ich habe dieses Interview mehr als zehn Mal gelesen. Denn wenn man wie dieser Trader mit tausend oder gar zweitausend Kontrakten in dem T-Bond Pit handelt (eine Lot-Größe, die normalerweise nur von großen institutionellen Häusern gehandelt wird), verlangt dies äußerste Konzentration. Jeder Tick im Markt kostet dich tausende, zehntausende Dollars. Das Interview mit Baldwin vermittelt eine Ahnung, wie die Konzentration eines Menschen sein muss, der mit solchen enormen Summen handelt.

Man kann getrost sagen, dass die „Market Wizards" grundlegende Lektüre für jeden Trader ist. Ich denke, man sollte diese Bücher, diese Serie und vor allem dieses erste Buch lesen, Interviews mit Top-Tradern.

16. Trader-Fragen: Was ist profitabler?

Ich möchte einige Fragen besprechen oder versuchen zu beantworten, die mir Trader gestellt haben. Das sind Fragen, die sich sowohl allgemein auf Börsenhandel beziehen als auch konkrete Fragen zu meiner Scalping-Strategie. Ich habe sieben Fragen ausgewählt.

Die erste Frage lautet: *„Was war das Schlüsselerlebnis, bei dem du gemerkt hast, dass du profitabel traden kannst?"*

Bei mir war das eindeutig die Entdeckung des Heikin Ashi Charts. Das hat bei mir sozusagen einen Klick ausgelöst, woraufhin ich deutlich profitabler angefangen habe zu traden. Zuvor habe ich nicht schlecht gehandelt, war aber nicht wirklich profitabel. Ich hatte meine Methode noch nicht richtig entwickelt, und die Entdeckung des Heikin Ashi Charts war für mich das Schlüsselerlebnis. Das mag für andere Trader etwas ganz anderes gewesen sein. Das kann mit dem Risikomanagement zu tun haben. Für manche Trader ist es notwendig zu lernen, Verluste begrenzen zu können, was eine unglaublich wichtige Fähigkeit im Trading ist, egal wie man es betrachtet.

Die zweite Frage lautet: *„Was ist profitabler: Scalping oder Swingtrading?"*

Der Leser weiß vielleicht, dass ich ein Buch zum Thema Swingtrading geschrieben habe und neben meinem Scalping auch Swingtrading betreibe. Ich finde es eine gute

Methode, um Geld an der Börse zu verdienen. Und ich muss sagen, dass ich auch schon sehr gutes Geld mit Swingtrading verdient habe, vor allem dann, wenn ich in der Lage war, einen größeren Trend mitzunehmen. Das war zum Beispiel der Fall bei den Kryptowährungen. Ich bin relativ früh beim letzten großen Krypto-Bullenmarkt von 2020-2021 eingestiegen und habe dann sukzessive Positionen aufgebaut. Das war Glück. Ich konnte nicht vorab wissen, dass Bitcoin in dieser Zeit von 10.000 auf 60.000 steigen würde. Niemand kann eine solche Bewegung vorhersagen. Aber das Entscheidende dabei war nicht so sehr, dass ich tatsächlich ein paar Hundert Prozent Gewinn gemacht habe auf dem Weg nach oben. Die schwierigste Entscheidung war sicher nicht der Einstieg und der Aufbau der Position. Viel wichtiger war, dass ich den Mut hatte, die Position rechtzeitig zu schließen. Aber nicht ganz oben. Niemand steigt am Höchstpunkt aus. Es war ein bisschen darunter. Irgendwann (April 2021) habe ich festgestellt, dass sich dieser Bullenmarkt dem Ende zuneigt und habe meine Gewinne realisiert. Viele der jungen „Krypto-Trader" haben dies nicht getan und sind im Markt geblieben. Nicht wenige haben den ganzen Weg nach unten auch mitgemacht. Sie haben alle ihre Gewinne wieder abgegeben, weil sie dermaßen von Bitcoin überzeugt sind, dass für sie „Bitcoin und Co." verkaufen fast einem Sakrileg gleichkommt.

Für mich sind Kryptowährungen kein ideologisches oder finanzpolitisches Thema. Für mich sind Kryptowährungen ein Markt, genauso wie der Aktienmarkt oder der Rohstoffmarkt. Man kann einen solchen Markt traden, und das ist genau das, was ich getan habe. Ich habe gekauft und als mir mein „Instinkt" (sprich der Heikin Ashi Chart) sagte, dass der Markt am Drehen ist, habe ich verkauft. Das ist nicht Glaube oder Ideologie, sondern das hat meiner Meinung nach mit Erfahrung zu tun. Daher kann ich sagen, dass ich durchaus auch mit so etwas wie Swingtrading gutes Geld verdient habe. Dieser Trade in den Kryptos ist nur ein Beispiel.

Die Frage lautete aber, was profitabler ist. Ist man auf diese Art und Weise, indem man auf Trends spekuliert, profitabler ist oder ist es besser, täglich kleine Trades zu machen (Scalping oder Daytrading)? Das lässt sich schwer sagen. Ich würde sagen, Daytrading und Scalping sind mein tägliches Brot. Aber hin und wieder ist es wichtig, wenn man es kann, von einem großen Trend zu profitieren, sei es in Aktien, Rohstoffen oder Währungen. Es lässt sich definitiv auch auf diese Art und Weise Geld verdienen.

Kommen wir zur dritten Frage. Diese bezieht sich auf meine Scalping-Methode. Ein Trader fragt: *„Einerseits empfiehlst du, eher weniger Trades zu machen, aber andererseits braucht man viele Trades, um Erfahrung zu gewinnen."*

Das stimmt natürlich. Ich empfehle immer, nach Qualitäts-Trades zu suchen. Das ist einfacher gesagt als getan. Was sind Qualitäts-Trades? Wann weiß man, ob ein Trade ein Qualitäts-Trade ist? Für mich ist ein Trade vertretbar, wenn er den Kriterien entspricht, die man für sich selbst formuliert hat. Das ist ein Qualitäts-Trade. Solche Trades gibt es seltener, als man vermutet.

Wenn man zum Beispiel den DAX tradet, gibt es vielleicht ein oder zwei gute Möglichkeiten an einem Trading-Tag.

Man könnte denken, als Scalper könnte man doch viel mehr machen. Man irrt sich. Ich empfehle, die wenigen guten Chancen in einem Markt zu suchen, die der Trading-Tag hergibt und nur diese zu traden.

Andererseits braucht man, wie der Fragesteller zu Recht sagt, Zeit, um mit dieser Methode Erfahrung zu sammeln. Es gibt etwas, was viele Anfänger-Trader noch nicht begreifen, aber erfahrene Trader besser verstehen: Es ist genauso gut, den Markt zu beobachten und nichts zu tun, als zu traden. Man muss lernen, ein guter Beobachter zu werden. Viele sind zu ungeduldig und wollen immer etwas tun, denn sie meinen, erst wenn man eine Position hat, ist man ein Trader. Ich behaupte hier mal das Gegenteil: Ein guter Trader ist zunächst ein sehr guter Beobachter. Er ist jemand, der das Auf und Ab am Markt aufmerksam verfolgt. Er entwickelt eine gewisse Neugierde dabei, als ginge es darum, ein intellektuelles Rätsel zu lösen. Das heißt, er lernt auch zu antizipieren, was der Markt tun könnte, und dann schaut er gespannt zu, ob dieses Szenario auch tatsächlich eintritt. Das kann man in jedem Markt oder bei jeder Aktie.

Manchmal wird man sagen: „Ab hier hätte ich eigentlich einsteigen sollen", und der Markt ist mir davongelaufen, aber es wäre ein guter Zeitpunkt gewesen, um einzusteigen. Das gleiche gilt für den Zeitpunkt, wann man aussteigen sollte, ein Aspekt, der bei den meisten Anfängern leider unterbelichtet ist. Die Frage nach dem Ausstieg, nach dem Exit, bekomme ich viel seltener, obwohl sie meiner Meinung nach viel wichtiger ist. Aber dazu vielleicht später noch etwas. Also meine Antwort auf die dritte Frage lautet, dass man lernen sollte, den Markt zu beobachten, und der Versuchung zu widerstehen, ständig etwas tun zu müssen. In dem Sinne sammelt man auch Erfahrung. Ich weiß, das ist ungemein schwer, selbst für mich. Nach zweiundzwanzig Jahren Trading ist es manchmal immer noch schwer, sich zurückzuhalten und sich zu sagen: „Es ist nur ein zweit- oder drittklassiger Trade. Die Chance, dass man hier Geld verlieren wird, ist relativ groß, also mache ich lieber nichts“.

Die vierte Frage hängt ein bisschen damit zusammen, und ich finde sie ausgezeichnet: *„Wann ist der beste Augenblick, um mit dem Traden aufzuhören?“*

Ich habe diesem Trader mit einem einzigen Satz geantwortet, und zwar: Hör auf zu traden nach deinem größten Tagesgewinn!

Nehmen wir an, ein Trader hat an einem bestimmten Tag fünf Trades gemacht, und der fünfte war bislang der größte Gewinner. Meine Empfehlung würde in diesem Fall lauten: Hör auf! Das ist ein ernstgemeinter Tipp, dem natürlich eine gewisse Erfahrung zu Grunde liegt.

Es hängt natürlich von dem Trading-Stil des Traders ab, ob man das so machen könnte. Manche Trader arbeiten mit Tageszielen. Sie sagen: „Wenn ich meine 500 Dollar habe, höre ich auf“. Ich stehe dem etwas kritisch gegenüber, denn der Markt gibt dir nicht jeden Tag deine 500 Dollar, als wäre er dein

Arbeitgeber. Diese Tagesziele kommen im Grunde aus der Angestelltenmentalität, wo man genau jeden Monat dasselbe verdient. Von dieser Einstellung muss man sich verabschieden. Die Börse funktioniert so nicht. Es gibt Tage, an denen kannst du 5.000 Dollar verdienen, und dann gibt es Tage, an denen nichts läuft und man sogar schrecklich aufpassen muss, dass man nicht ständig Geld verliert. Deswegen sage ich, dass man als Trader zuerst ein guter Beobachter werden muss. Wenn du das kannst, hast du eine Chance, dass du die Tage erkennst, an denen nichts zu holen ist und an denen du besser einen Spaziergang mit dem Hund machen solltest. Und man lernt auch, die Tage zu erkennen, an denen die Kasse ständig klingelt. Dann sollte man den Spaziergang verschieben und konzentriert traden und so viel aus dem Markt herausholen, wie es nur möglich ist.

Aber generell würde ich bei meinem Tipp bleiben, dass man nach dem größten Tagesgewinn am besten den Computer schließt und wie ein zufriedener Mann oder eine zufriedene Frau mit dem Hund spazieren geht, falls du den hast. Und es ist im Grunde egal, ob der größte Tages-Gewinner um neun Uhr am Vormittag kommt, wenn man gerade erst angefangen hat, oder um die Mittagszeit oder erst am späten Nachmittag.

Die fünfte Frage stellt für mich eine Herausforderung dar, aber ich verstehe sie vollkommen. Ein Trader schreibt: *„Das Timing beim Einstieg ist mein größtes Problem. Entweder bin ich zu früh und der Trend dreht sich nicht, und ich stehe auf der falschen Seite, oder ich bin zu spät dran, weil ich zu lange*

Die Frage nach dem Timing im Trading, insbesondere als Daytrader oder Scalper, ist äußerst schwierig zu beantworten. Es wird Momente geben, in denen der Trader genau richtig liegt und zum richtigen Zeitpunkt einsteigt. Er wird aber genauso Trades haben, bei denen er zu früh einsteigt und der Markt nach seinem Einstieg noch weiter fällt, bevor er dreht. Er wird auch feststellen, dass er zu spät eingestiegen ist und einen schlechteren Preis bekommt, als er hätte bekommen können, wäre er rechtzeitig eingestiegen. Ich selbst kann keine zuverlässige Antwort auf diese Frage geben. Niemand kann vorhersagen, was unmittelbar nach dem Einstieg passiert. Der Markt kann in jede Richtung gehen. Steigen, fallen oder seitwärts laufen – das sind die drei Möglichkeiten. Auch ich liege oft mit meiner Einschätzung und meinem Timing daneben.

Viele wollen das nicht glauben, aber die Frage nach dem Einstieg ist letztendlich nicht so wichtig. Viel entscheidender ist, dass der Trader die Fähigkeit lernt, die Trades, die er macht, richtig zu managen. Wie handhabt er den Stop und den Ausstieg aus dem Trade? Das ist viel wichtiger.

Der Trader kann versuchen, sein Einstiegstiming zu verbessern, aber er wird immer wieder feststellen müssen, dass der Markt dennoch ein Spielchen mit ihm treibt und zunächst einen Umweg macht, bevor er in die richtige Richtung geht. Das ist eine Erfahrung, bei der man nie auslernt. Selbst wenn man viel Erfahrung hat, wird man immer wieder überrascht werden und muss kleinere Verluste hinnehmen. So ist es nun mal.

Ein Trader ist ein Mensch, der akzeptiert hat, dass er bei einem gewissen Prozentsatz seiner Transaktionen falsch liegt. Ich würde empfehlen, sich das Leben nicht unnötig schwer zu machen bei dieser Sache. Der Trader sollte stattdessen darüber nachdenken, wie er vernünftig mit dem Risiko umgeht, wenn er bereits im Trade ist. Entwickelt sich der Trade nicht besonders gut (mal ist er ein bisschen im Gewinn, mal ein bisschen im Verlust), sollte er nach einer gewissen Zeit ernsthaft darüber nachdenken, den Stop in Richtung des

Einstiegs nachzuziehen oder den Trade mit geringem Verlust zu schließen. Eine wichtige Regel für Trader im Daytrading- und Scalping-Bereich besagt: Je länger es dauert, dass ein Trade in den Gang kommt, desto unwahrscheinlicher wird es, dass der Trade zu einem Gewinntrade wird.

Die sechste Frage ist ebenfalls interessant: *„Wie überwinde ich Overtrading?"*

Overtrading bezeichnet das Phänomen, dass der Trader viel zu viele Trades macht, also ständig Transaktionen ohne Sinn und Verstand durchführt. Wie kann man dieser Neigung entgegenwirken? Ich hatte folgenden Tipp für den Trader, der diese Frage gestellt hat: Versuche einen Monat lang nur *einen Trade pro Tag* zu machen.

Es ist natürlich eine Übung, um die nötige Disziplin zu entwickeln, nur die lohnenswerten Trades zu machen. Mit anderen Worten: Wenn der Trader den Markt beobachtet, sollte er nur den Trade wählen, von dem er denkt, dass er die beste

Chance bietet. Danach ist es nicht mehr erlaubt, einen weiteren Trade zu machen. So zwingt der Trader sich selbst, besonders auf die bereits angesprochenen Qualitätskriterien zu achten. Der Trade sollte wirklich seinen Bedingungen entsprechen. Ob dieser Trade dann ein Gewinner oder Verlierer wird, spielt keine Rolle. Es geht darum, diesen einen Trade zu finden und ihn zu machen. Der Trader sollte diese Übung einen Monat lang durchführen. Er wird dann sehen, ob er immer noch die Neigung hat, zu viele Trades machen zu wollen, ohne dass für sie ein wirklicher Grund vorliegt.

Nun kommen wir zur siebten und letzten Frage, die ebenfalls interessant ist. Sie bezieht sich auf meine Scalping-Strategie. Die Frage lautet: *„Ich habe immer noch das Problem, dass ich zu schnell aus der Position aussteige. Was kann ich tun?"*

Beim Scalping ist es eben typisch, schnell aus der Position auszusteigen, nicht wahr? Denn wenn der Trader nicht schnell aus der Position aussteigt, ist er kein Scalper. Das stimmt jedoch nicht ganz. Auch ich versuche, größere Gewinne mitzunehmen. Wenn ich merke, dass ich richtig liege und sofort im Gewinn bin, beispielsweise 10, 12 oder 15 Punkte im DAX, bin ich auch bereit, kleine Gegenbewegungen zu akzeptieren. Ich werfe dann einen Blick auf den Fünf-Minuten-Chart und prüfe, ob die Bewegung, in der ich drin bin eine größere Bewegung sein könnte. Wenn ja, könnten mehr Punkte aus dem Markt zu holen sein als meine üblichen sechs, sieben oder acht Punkte. Es könnten vielleicht 25 oder 40 Punkte werden. Von solchen Trades sollten natürlich auch Scalper profitieren können.

Man kann sie auf verschiedene Weisen finden, zum Beispiel, indem man gleichzeitig den Fünf-Minuten-Chart betrachtet, nicht nur den Ein Minuten-Chart. Der Heikin Ashi Chart benötigt im Fünf-Minuten-Chart mehr Zeit, um die Farbe zu wechseln und eine mögliche Gegenbewegung anzuzeigen. Wenn der Markt zum Beispiel fünf oder sieben Punkte oder Ticks in die andere Richtung geht, ändert sich dafür die Farbe noch nicht. Das ist die eine Möglichkeit. Man wechselt die Zeitebene und versucht auf dieser Weise, eine viel bedeutendere Bewegung aus dem Markt mitzunehmen.

Eine weitere Möglichkeit, die ich empfehle, besteht darin, mit Teilausstiegen zu arbeiten. Anstatt nur einen Kontrakt zu handeln, kann der Trader beispielsweise mit zwei Kontrakten handeln. Wenn man merkt, dass man sofort im Gewinn ist und bereits zehn Punkte vorne liegt, könnte der Trader den ersten Kontrakt schließen und den zweiten weiterlaufen lassen, während er den Stop für diesen zweiten Kontrakt auf Break-Even setzt. Den Stop kann er dann schrittweise anpassen. So würde ich vorgehen. Das sind zwei Möglichkeiten, um größere Gewinne zu realisieren. Es gibt vielleicht noch weitere Möglichkeiten mit Indikatoren, aber das sind die beiden, die ich selbst anwende.

17. Trader-Fragen: Wann sollte ich scalpen?

Ich möchte mich noch einigen weiteren Fragen widmen, die mir von Tradern gestellt wurden, meist per E-Mail. Es handelt sich dabei um konkrete und spezifische Fragen zum Thema Tageshandel, genauer gesagt zum Thema Scalping.

Die erste Frage lautet: *„Benutzt du eher den Fünf-Minuten-Chart oder den Ein-Minuten-Chart zum Scalpen?"*

Meine Antwort lautet, dass das von den Marktbedingungen abhängt. Ich habe keine feste Einstellung, die ich immer verwende, wie es bei manchen Tradern der Fall ist. Es gibt beispielsweise Trader, die immer den Drei-Minuten-Chart nutzen, aus welchem Grund auch immer. An Tagen, an denen der Markt schnell ist, ist es besser, eine Zeiteinheit zu wählen, die ebenfalls schnell ist, zum Beispiel den Ein-Minuten-Chart. Stellt der Trader fest, dass der Chart in dieser Einstellung das Kursgeschehen gut wiedergibt, dann sollte er ihn benutzen. Es gibt keinen Grund, einen Fünf-Minuten-Chart zu verwenden, wenn er sieht, dass das Auf und Ab des Kurses dort nicht richtig wiedergegeben wird. In manchen Fällen muss er sogar auf noch kleinere Zeiteinheiten wechseln. Zum Beispiel gibt es volatile Zeiten, in denen er auch mit dem 30-Sekunden-Chart und sogar in extremen Fällen mit einem 10-Sekunden-Chart oder mit Tick-Charts handeln oder scalpen kann und sollte. Das Geschehen am Markt bestimmt die Zeiteinheit, nicht das System, das man im Voraus festgelegt hat.

Wenn der Markt langsamer ist – und solche Tage gibt es, genau wie träge Märkte – dann ist es besser mit dem 5-Minuten-Chart oder gegebenenfalls sogar mit dem 10-Minuten-Chart zu scalpen. Ob man dann noch immer von Scalping reden kann oder das eher eine Art Daytrading ist, spielt eigentlich keine Rolle. Der Trader sollte die Märkte beobachten, die er handelt und sich den Gegebenheiten des jeweiligen Marktes anpassen.

Kommen wir zur zweiten Frage: *„Mit welcher Trefferquote kann ich zu Beginn zufrieden sein, und wie sollte mein Chance-Risiko-Verhältnis (CRV) ungefähr aussehen?"*

Diese Frage wird mir oft von Anfängern gestellt. Anfänger-Trader schauen gerne auf ihre Trefferquote. Was ist die Trefferquote? Es ist die Anzahl der Trades, die mit Gewinn abgeschlossen werden. Das Ego des Traders wünscht sich natürlich eine hohe Trefferquote, zum Beispiel 70 % oder mehr. Das gibt dem Trader ein gutes Gefühl, wenn er sagen kann: „Die meisten meiner Trades sind gewinnbringend."

Die Frage ist aber, ob die Trefferquote entscheidend für die Profitabilität des Traders ist.

Antwort: Nein, überhaupt nicht.

Es kann für bestimmte Systeme oder Strategien entscheidend sein, wenn das System darauf abzielt, eine hohe Trefferquote zu erzielen. Mit meiner Scalping-Methode ist das zum Beispiel überhaupt nicht der Fall. Es spielt keine Rolle. Historisch
gesehen liegt meine Trefferquote zwischen fünfunddreißig und vierzig Prozent. Das bedeutet, dass die Mehrheit meiner Trades Verluste, nicht Gewinne, sind.

Anfänger fragen dann manchmal: „Wie kannst du dann überhaupt profitabel sein?" Nun, ich bin deshalb profitabel, weil ich gelernt habe, meine Verlust-Trades klein zu halten. Die Fähigkeit eines guten Scalpers besteht vor allem darin, dass er, sobald er merkt, dass der Trade nicht in die gewünschte Richtung geht, den Stop in Richtung seines Einstiegs verschiebt. Das bedeutet, er begrenzt die Anzahl der Punkte oder Tics an potentiellem Verlust. Das ist seit Jahren tief in mir verankert. Es ist zu einer Gewohnheit geworden, über die ich nicht mehr nachdenken muss. Ich mache es automatisch. In der Regel werde ich dann mit einigen wenigen Punkten oder einigen Pips Verlust ausgestoppt, wenn ich im Devisenmarkt unterwegs bin. Und das ist für mich völlig in Ordnung. Ich weiß, dass sechzig Prozent meiner Trades Verlust-Trades sind. Das ist für mich überhaupt kein Problem, und mein Ego leidet darunter auch nicht. Denn wenn ich richtig liege, werde ich oft gut bezahlt vom Markt. Ich erziele manchmal Gewinne von 30 oder 40 Punkten, und dafür kann ich auch einige Male vier, fünf oder sechs Punkte Verlust hinnehmen. Die Höhe der Gewinn-Trades macht den Unterschied. Das ist es, was man lernen muss. Diese zwei grundlegenden Aspekte der Trading-Kunst, Verlustbegrenzung und Gewinnmaximierung, sind keine Raketenwissenschaft. Fast jeder Trader, der anfängt, beherrscht diese Grundsätze nicht. Aber er kann es lernen. Das nennt man die *Lernkurve*. Je disziplinierter er ist, desto schneller geht es. Und eines Tages stellt er fest, dass die Waage zwischen Gewinn und Verlust im Gleichgewicht ist. Das ist der Tag, an dem der Trader die *Break-Even-Schwelle* erreicht. Dies ist ein besonders wichtiger Moment in einer Trader-Karriere, denn sie beweist, dass man Fortschritte im Trader-Handwerk gemacht hat. Es braucht dann lediglich ein bisschen mehr, manchmal nur ein Paar Kniffe, um in die Gewinnzone zu kommen. Und diese Gewinnzone braucht noch nicht mal besonders groß zu sein, um bedeutende Summen im Markt zu ertraden. Große Supermarktketten arbeiten bekanntlich auch mit kleinen Gewinnmargen. Sie verdienen deshalb Geld, weil sie einen großen Hebel haben. Sie haben nicht nur einen Laden, sondern meist hunderte. Genauso ist es beim Traden. Sobald sich der Trader einen kleinen Vorteil verschafft hat, kann er den Hebeleffekt nutzen. Der Anzahl der Kontrakte, die er kauft, ist dann im Prinzip keine Grenzen mehr gesetzt. Es ist wie bei dem Trader Tom Baldwin aus den Market Wizards, der mit mehreren tausenden Kontrakten gleichzeitig den T-Bond-Future scalpte. Auch er hatte sich durch Arbeit, Fleiß und Disziplin einen kleinen Vorteil erarbeitet. Den Unterschied machte dann die Kontraktzahl. Auch er hat wie jeder mit *einem* Kontrakt angefangen.

Wenn man das bedenkt, könnte man Trading – etwas überspitzt – als eine Art Geschicklichkeitsspiel betrachten. Es mag überraschen, dass ich das so nenne. Ein Geschicklichkeitsspiel ist doch keine ernstzunehmende Methode, um an der Börse tätig zu werden, werden vielleicht manche sagen. Aber so ist es. Wenn man es genau betrachtet, dann geht es vor allem darum, die Verlust-Trades so klein wie möglich zu halten, und gelegentlich wird man vom Markt belohnt, wenn man zufällig richtig liegt. Es mag einigen auch nicht gefallen, wenn ich sage: „Du liegst gelegentlich zufällig richtig." Dass Zufall, und sogar Glück im Spiel sind, wird man doch nicht abstreiten können, zumindest wenn man Trading vereinzelt betrachtet, also nicht im Kontext einer langen, statistisch relevanten Transaktionsreihe. Denn es ist klar, dass sich die Fähigkeit eines Traders erst nach und nach zeigt – nicht nach zehn Trades, oft auch nach hundert Trades vielleicht nicht. Aber nach tausend Trades zeigt sich unmissverständlich, ob ein Trader sein Fach gelernt hat oder nicht. Und genau deshalb wage ich zu behaupten, dass Scalping vor allem eins ist: ein Geschicklichkeitsspiel.

Und auch die folgende Aussage mag überraschen: Erfolg beruht *nicht* auf der Fähigkeit, den Markt richtig zu analysieren. Ja, der Trader sollte eine Analyse durchführen, aber meiner Meinung nach wird diese oft überschätzt. Trader betrachten sie oft als zu wichtig. Sie spielt zwar eine gewisse Rolle, und man kann sein System verbessern oder seine Profitabilität steigern, indem man gute Analysen durchführt und nur dann in den Markt einsteigt, wenn alles nach seinen Vorgaben passt. All das stimmt. Aber dennoch wird man merken, dass der Markt oft etwas anderes vorhat in dem Moment, in dem der Trader eine Position

genommen hat. Der Markt kann sich so verhalten wie der Trader es erwartet, aber oft ist es eben nicht der Fall. Deswegen glaube ich, dass die Bedeutung der Analyse überschätzt wird, während die Fähigkeit, Verluste zu begrenzen, unterschätzt wird. Wenn der Trader feststellt, dass der Trade nicht richtig ins Laufen kommt oder sich gar in die falsche Richtung entwickelt, sollte er den Stop in Richtung seines Einstiegs schieben. Durch diese Maßnahme wird der Trade mit hoher Wahrscheinlichkeit irgendwann aus dem Markt geholt. Das bedeutet aber auch, dass der Trader systematisch seine Verluste begrenzt, und das ist die erste Regel des Scalpings. Hin und wieder gelingt dem Scalper dann ein schöner Gewinn, aber es ist der Markt, der entscheidet, wann dies der Fall sein wird – und nicht die Analyse des Traders.

In der dritten Frage hat der fragende Trader meine Methode „die Umkehrstrategie" genannt. Ich nenne sie eher „Counter-Trend-Scalping": *Warum sollte man den Heikin Ashi Chart nicht für den Einstieg in eine Long-Position verwenden, wenn beispielsweise der Stunden-Chart nach Norden zeigt? Ist der Satz ‚Der Trend ist dein Freund' für Scalping nicht anwendbar?"*

Der Trader fragt also, warum er, wenn sich der Markt in einem Trend befindet, nicht einfach mit dem Trend mitgehen soll. Wenn der höhere Zeitrahmen eindeutig anzeigt, dass sich der Markt in einem Aufwärtstrend befindet und die Heikin Ashi-Kerzen sich alle grün färben, warum gehe ich dann nicht einfach Long?

Das ist eine wichtige Frage, und meine Antwort darauf ist ganz einfach: Ich bin ein Countertrend-Scalper. Ich gehe *gegen* den Trend. Wenn alle Welt Long ist, warum gehe ich nicht auch Long? Und umgekehrt, wenn die Märkte fallen und alle Welt Short ist, warum gehe ich dann nicht einfach auch Short? Warum mache ich das nicht? Weil ich, wenn ich das tun würde, in diesem Moment kein Countertrend-Trader wäre, sondern ein Trendfolger. Ich würde *mit* dem Trend gehen. Ich mache es deswegen nicht, weil ich ein Countertrend-Scalper bin und es dabei belasse.

Man könnte mir natürlich vorwerfen: „Ja, aber es gibt eben Tage, an denen es starke Trends am Markt gibt, und dann solltest du eben mit dem Trend gehen und eben nicht gegen den Trend."

Es gibt sicherlich einiges, was dafür spricht. Ich mache es trotzdem nicht, weil es bei meiner Methode darum geht, *eine bestimmte Sache* zu meistern. Es geht darum, eine Sache gut zu tun, um nicht zu sagen, außergewöhnlich gut zu tun. In meinem Fall bedeutet das, gegen den vorherrschenden Trend zu traden. Das ist eine bestimmte Technik, die man meistern kann. Für mich wird der Markt erst dann interessant, nachdem sich ein starker Trend gebildet hat, also *nach* einer großen Bewegung. Die meisten Trader sind auf der Suche nach dieser großen Bewegung, von der sie natürlich profitieren wollen. Sie studieren Dutzende von Charts in der Hoffnung, eine solche Bewegung antizipieren zu können. Auch ich habe das anfangs versucht. Ich habe aber feststellen müssen, dass sich diese große Bewegung dann oft nicht einstellt oder ganz woanders auftritt, wo ich es eben nicht erwartet habe. Deswegen habe ich aufgehört zu versuchen, solche Bewegungen vorherzusagen oder zu antizipieren. Stattdessen beobachte ich, was passiert *nachdem* sich eine solche Bewegung gebildet hat. Das ist eine völlig andere Herangehensweise. Ich antizipiere nicht, ich agiere nicht und versuche nicht vorherzusagen. Jedoch der Augenblick, in dem sich eine starke Trendbewegung abschwächt, ist für mich der beste Moment, in den Markt einzusteigen um die zu erwartende *Gegenbewegung*, die fast immer kommt zu traden. Das ist sicher nicht jedermanns Sache, aber Trader, die nach meinem System handeln, berichten mir, dass es sehr profitabel ist, auf diese Weise zu handeln. Man muss schnell sein, da diese technische Gegenbewegung oft auch schnell verläuft. Aber wenn man in der Lage ist, sie zu scalpen, kann man auf diese Art tatsächlich immer wieder in allen möglichen Märkten Gewinne erzielen. Deswegen ist das eine äußerst effektive Methode. Es ist jedoch ein Lernprozess notwendig, um dies konsequent umzusetzen.

Jetzt komme ich zurück zur Fragestellung: Warum gehst du nicht *mit* dem Trend?

Wenn der Trader einen Markt beobachtet und feststellt, dass er stark steigt oder umgekehrt stark fällt, hat er in dem Augenblick die Fähigkeit, mental umzuschalten? Kann er dann sagen: „Oh, heute kann ich nicht gegen den Trend scalpen wie üblich. Wenn alles steigt, dann sollte ich eben einfach Long gehen"? Kann der Trader in diesem Moment den Schalter umlegen und von Countertrend-Scalper auf Trendfolger wechseln? Ich sage nicht, dass das nicht möglich ist, aber es erfordert eine fortgeschrittene Erfahrung, wenn man so etwas versuchen will. Es gibt viele erfahrene Trader, die es nicht tun, obwohl sie es – technisch gesprochen – sehr wohl könnten. Denn, wenn man das zu tun beginnt, bedeutet das, dass man mehrere Strategien gleichzeitig handelt. Ein Trader sollte aber zunächst versuchen, eine Sache gut zu tun. Wenn er das kann, gibt es im Grunde keine Grenze des Geldverdienens an der

Börse mehr. Eine einzige Sache, ein bestimmtes Muster traden zu können, reicht, um eine sehr erfolgreiche Trader-Karriere zu haben.

Deswegen empfehle ich auch nicht, gleichzeitig Trendfolger und Countertrend-Trader zu sein. Multitasking ist nicht mein Ding. Wenn irgendjemand es trotzdem kann, dann sollte er es machen. Ich betreibe nebenher Swingtrading mit Aktien, aber das ist eine mittelfristige Strategie, die nichts mit meinem Scalping-Business zu tun hat. Ich mache das im Übrigen auch in einem anderen Account, und es gibt Tage, an denen ich nicht mal hinschaue. Wenn ich scalpe, also intraday trade, versuche ich *eine* Sache richtig zu machen, *ein* bestimmtes Muster zu handeln und mich daran zu halten. In meinem Fall ist das eben Countertrend-Scalping. Technisch gesehen gehört diese Methode zu den Mean Reversion-Strategien. Dieses Prinzip beruht auf einer statistischen Beobachtung, die besagt, dass Märkte tendenziell immer wieder zu ihrem Durchschnitt zurückkehren. Diesen Durchschnitt kann man zum Beispiel mit einem Indikator wie dem Moving Average bestimmen. Und in 70 % der Fälle folgt der Markt diesem Prinzip. Wenn sich der Markt weit vom Durchschnitt entfernt hat, dreht er in der Regel und bewegt sich zurück zu diesem Durchschnitt. Das ist die Mean Reversion, und meine Scalping-Strategie basiert auf diesem Prinzip.

Warum habe ich mich dafür entschieden und nicht für die Trendfolge? Märkte halten sich in 70 % der Zeit daran und befinden sich lediglich in 30 % der Zeit in einem Trendverhalten. Trends sind von daher eher die Ausnahme im

Markt. Es kann sehr profitabel sein, Trends zu handeln, aber du müsstest die Frage beantworten, was du dann machst, während 70 % der Zeit, in der sich die Märkte *nicht* in einem Trend befindet? Diese Frage ist nicht leicht zu beantworten. Viele Trendtrader sind mit diesem Problem konfrontiert. Was tun, wenn die Märkte seitwärts tendieren und sich nach dem Prinzip der Mean Reversion verhalten? Mal traden sie etwas unter dem Durchschnitt, dann wieder darüber. Sie oszillieren oder schwanken hin und her, ohne einen klaren Trend aufzuweisen.

Was macht der Trendfolger in dieser Situation? Er muss geduldig sein und warten können, bis sich ein neuer Trend etabliert. Aber kann er das? Handelt er trotzdem, wird der Trendfolger vermutlich Verluste erleiden oder tiefe Drawdowns in seiner Kapitalkurve erdulden müssen. Countertrend-Scalper können natürlich auch Drawdowns haben, und sie passieren meist gerade dann, wenn die Märkte starke Trends aufweisen.

Die Antwort auf die Frage des Traders ist, dass es bereits einiges an geistiger Flexibilität verlangt, zu erkennen, dass heute das Prinzip der Mean Reversion nicht anwendbar ist, sondern dass wir vermutlich einen Trendtag haben werden, in dem Countertrend-Scalper meistens Geld verlieren. Das ist die ganze Problematik. Wenn man über diese geistige Fähigkeit verfügt, ständig von Countertrend auf Trendfolgen zu wechseln und umgekehrt, hat man erfolgreich die dritte Frage gelöst. Und es wird wahrscheinlich auch sehr profitabel sein. Aber einem Anfänger würde ich das nicht empfehlen. Ich würde dazu raten, eine Sache zu lernen, eine Sache gut zu tun und diese konsequent umzusetzen. Ich weiß aus Erfahrung, dass die meisten Trader diese geistige Flexibilität eben nicht haben.

Kommen wir zur vierten Frage. Hier schreibt mir ein Trader: *„Bis jetzt hat eigentlich alles gut geklappt. Ich kaufe die Unterstützung und gehe am Widerstand Short, aber seit einigen Tagen funktioniert es nicht mehr. Mal geht der Markt 10 bis 15 Punkte über den Widerstand, dann dreht er wieder direkt am Widerstand.“*

Offensichtlich befand sich der Trader in einer Situation, in der sich die Märkte eine Weile sehr gut an Unterstützungs- und Widerstandsbereiche gehalten und gedreht hatten. Plötzlich hat sich jedoch das Verhalten des Marktes geändert. Auf einmal konnte er aus Unterstützungs- und Widerstandslinien keinen klaren Schluss ziehen.

Nun, es ist nun mal so, dass sich die Märkte nicht immer an unsere Vorstellungen, die wir von ihnen haben, halten. Wenn das so wäre, dann wäre es ja einfach. Man könnte immer brav an der Unterstützung kaufen, und dann würden es alle tun und jeder würde Gewinn machen. Sobald der Markt den Widerstand erreicht – was auch immer das sein mag – würden wir unsere Position mit Gewinn verkaufen und gegebenenfalls Short gehen. So einfach wäre es dann.

Aber so läuft es nicht. Die Märkte halten sich nicht immer an unsere Linien im Chart. Man könnte sich natürlich die Frage stellen: Warum zeichnen wir überhaupt Unterstützungs- und Widerstandslinien? Sind sie nicht bloße Illusionen? Sind sie nicht unsere eigenen Vorstellungen und Ideen, die in Wirklichkeit gar nicht existieren? Es gibt Leute, die behaupten, dass dies für die gesamte Charttechnik gilt. Sie sagen, dass sie nur Fantasiegebilde sind und nichts mit professionellem Trading zu tun haben. Einige Trader sagen, dass man sich auf das Volumen konzentrieren und aufgrund dessen handeln sollte, anstatt auf irgendwelche Punkte im Chart Bezug zu nehmen. Man kann durchaus Argumente dafür finden. Es ist aber genauso wahr, dass nicht wenige Trader mit der Technischen Analyse erfolgreich handeln.

Ein Trader sollte aber akzeptieren, dass sein System oder seine Strategie an manchen Tagen nicht gut funktioniert. Die wahre Fähigkeit eines Traders besteht nun genau darin, an solchen Tagen die Verluste zu begrenzen und mögliche Verlustreihen so schnell wie möglich zu erkennen. Vielleicht ist es an der Zeit, eine Pause einzulegen oder die Positionsgröße zu verringern. Dies gehört zum fortgeschrittenen Stadium eines Traders. Wie erkennt man das? Man merkt, dass es Zeit für diese Veränderungen wird, wenn man zu verlieren beginnt; wenn man mehrere Verluste nacheinander erlebt und seinen Kontostand sinken sieht. Dann befindet man sich in einer solchen Phase. Diese Feststellung klingt banal, aber man würde sich wundern wie viele Trader trotz dieser offensichtlichen Tatsache weiter traden. Oder weiter mit der gleichen Positionsgröße traden.

In diesem Zusammenhang möchte ich noch eine weitere Überlegung machen. Meine gesamte Methode besteht darin, nicht mechanisch ein bestimmtes Prinzip zu handeln, sondern die Charts und die Märkte zu beobachten. Natürlich sage ich, dass man mit dem Heikin Ashi-Chart handeln soll, weil er mit der Methode bestens funktioniert. Und ich sage weiter, dass man versuchen sollte, Unterstützungszonen im Chart zu finden, weil die Erfahrung gezeigt hat, dass der Markt in diesen Zonen oft dreht. Nun, all das gehört zur Analyse. Dennoch wird man immer wieder erleben, dass sich die Märkte nicht daran halten.

Dann ist es interessant zu beobachten, was der Markt dann tatsächlich tut. Manchmal durchbricht er eine Unterstützung und setzt seinen Weg fort, wie es bei dem Trader der Fall war, der die Frage gestellt hat. Er sagte, der Markt sei 10, 15 oder sogar noch mehr Punkte über oder unter dem Level gegangen. Wichtig ist aber, dass man genau hinschaut, wenn das passiert.

Verfolgt der Markt seinem bisherigen Trend? Oder passiert nach dem „Bruch" etwas ganz Interessantes, das der Trader ausnutzen könnte?

Die fünfte Frage lautet: *„Die von dir entwickelte Scalping-Technik beruht auf horizontale Linien, die sich auf historische Unterstützungen und Widerstände beruhen sowie auf der Reaktion darauf, also der Gegenbewegung, wenn sich der Markt der horizontalen Linie wieder nähert. Aber wie scalpt man einen Markt, der neue Allzeithochs erreicht?"*

Wenn ein Markt neue Allzeithochs erreicht, gibt es offensichtlich keine historischen Bezugspunkte, Unterstützungen oder Widerstandslevel mehr. Da kann man natürlich keine Linien ziehen. Wie kann man solche Märkte scalpen? Das ist eine sehr gute Frage. Wenn zum Beispiel eine Aktie ein neues Allzeithoch erreicht, gibt es keine

Bezugspunkte mehr. Die Aktie bewegt sich sozusagen im Niemandsland. In solchen Fällen sind Prinzipien wie Mean Reversion bedeutungslos, da jeder, der diese Aktie hält, glücklich ist. Jeder ist im Gewinn, egal zu welchem Preis er gekauft hat! Es gibt dennoch eine Möglichkeit, auch solche Aktien zu scalpen, indem man Reversals handelt. Reversals können in solchen Märkten sehr interessant sein. Was bedeutet das? Die Märkte steigen nicht ununterbrochen an, wenn sie neue Allzeithochs erreichen. Sie können sich auch eine Weile korrigieren, weil es immer Trader gibt, die ihre Gewinne realisieren. Die langfristig orientierten Anleger werden es vermutlich nicht tun. Warum auch? Die Aktie macht genau das, weswegen man sie doch gekauft hat: nämlich steigen.

Aber kurzfristig orientierte Trader, die sich opportunistisch in diese steigende Aktie eingekauft haben, können ihre Gewinne realisieren. Dann kann man solche Reversals beobachten. Nehmen wir an, eine Aktie ist an einem Tag ein Dollar weiter gestiegen und korrigiert fünfzig Cent dieser Bewegung. Irgendwann sieht der Trader, dass der Markt zur Ruhe kommt und sich seitwärts bewegt. Das kann natürlich ein interessanter Zeitpunkt sein, um zu scalpen und Long einzusteigen, um von diesem starken Aufwärtsimpuls in der Aktie zu profitieren. Es kann durchaus interessant sein, genau dann zu kaufen.

Aber im Grunde betreibt man dann eben Trendfolge, und wie bereits gesagt, empfehle ich das nicht zu tun, weil es dem Trader dazu verleiten könnte, hin und wieder doch auf einen Zug aufspringen zu wollen, der bereits den Bahnhof verlassen hat.

Bei Währungen muss man unter Umständen schon fünf oder sieben Jahre zurückblicken, um irgendwelche Bezugspunkte zu finden. Man muss weit zurückgehen, um das Level zu finden, wo das Währungspaar vor sieben Jahren schon mal an der Stelle war, wo es heute wieder angekommen ist. Und das kann man scalpen. Denn natürlich gilt das Level nach sieben Jahren immer noch. Die Märkte haben sozusagen ein Gedächtnis.

Es gibt aber genügend Märkte oder Aktien, die eben keine Allzeithochs machen, und in denen man sehr gut nach dem Mean Reversion-Prinzip traden oder scalpen kann. Überlasse Märkte oder Aktien die neuen Allzeit-Hochs bilden den Tradern, die auf Trendfolge aus sind. Das sind ihre Märkte. Countertrend-Scalper sind dagegen besser, wenn sie eine Aktie oder einen Markt scalpen, bei dem das Prinzip „Business as usual" gilt. Etwas überspitzt gesagt: Je langweiliger der Markt, desto leichter lässt er sich scalpen.

Glossar

Aktienindex: Kennzahl für die Kursentwicklung des Aktienmarktes insgesamt oder einzelner Aktiengruppen (zum Beispiel DAX)

Altcoins: Alle Kryptowährungen neben Bitcoin werden Altcoins genannt

Arbitrage: Ohne Risiko vorgenommene Ausnutzung von Kurs-, Zins- oder Preisunterschieden zum selben Zeitpunkt an verschiedenen Orten zum Zwecke der Gewinnmitnahme

Automatisches Handelssystem: Bezeichnet den automatischen Handel von Wertpapieren durch Computerprogramme

Backtest: Computertest eines Vorhersagemodells anhand historischer Daten

Bitcoin: die erste dezentralisierte Kryptowährung

Break Even: English für Gewinnschwelle

Breakout: (Deutsch: Ausbruch) Kursgeschehen, bei dem der Kurs eines Vermögenswerts über einen Widerstandsbereich steigt oder unter einen Unterstützungsbereich fällt

Broker: Finanzdienstleister, der für die Durchführung von Wertpapierordern zuständig ist

Brokerlizenz: Handelslizenz, die einen Broker für seine Tätigkeit legitimiert

Bund-Future: Terminkontrakt, der sich auf eine fiktive, langfristige Bundesanleihe bezieht mit einer Laufzeit von 10 Jahren

Business Development Companies (BDCs): Investmentgesellschaft in den USA, die in kleine und mittlere Unternehmen investiert

Cable oder GBP/USD: Währungsverhältnis zwischen dem britischen Pfund und dem US-Dollar

CAC40: Französischer Leitindex der 40 führenden französischen Aktiengesellschaften, die an der Pariser Börse gehandelt werden

Candlesticks: Darstellungsform von Kursveränderungen auf Basis einer japanischen Analysetechnik

Cashflow: Betriebswirtschaftliche Kennzahl, bei der Einzahlungen und Auszahlungen innerhalb eines bestimmten Zeitraums einander gegenübergestellt werden

CFD: Differenzkontrakt, bei dem der Trader auf die Kursentwicklung verschiedener Finanzinstrumente spekulieren kann

Chance-Risiko-verhältnis (CRV): Das CRV dient als Indikator für die Sinnhaftigkeit einer Anlage. Es wird berechnet durch die Division der erwarteten Rentabilität durch den größtmöglichen Verlust

Countertrend: Gegenbewegung im Rahmen des Haupttrends

DAX: Deutsche Aktien Index

DAX-Future: Termingeschäft auf den Deutschen Aktienindex (DAX)

Daytrading: Daytrading beschreibt den kurzfristigen spekulativen Handel mit Wertpapieren. Hierbei werden Positionen innerhalb des gleichen Handelstages eröffnet und wieder geschlossen, mit dem Ziel bereits von geringen Kursschwankungen zu profitieren

Depot: Konto, über das Wertpapierorders abgewickelt und Wertpapierbestände verbucht werden

Diskretionär traden: Beim diskretionären Trading wird die Order an den Markt manuell und ohne automatisiertes Trading ausgeführt

Dividende: Teil des Gewinns, den eine Aktiengesellschaft an ihre Aktionäre ausschüttet

Dividenden ETFs: ETF, der sich bei der Auswahl von Aktientiteln an der Dividende orientiert, die von den Unternehmen ausgeschüttet und an Aktionäre ausgezahlt wird

Dividendenrendite: Verhältnis zwischen der Höhe der jährlichen Dividendenausschüttung einer Aktie und ihrem aktuellen Aktienkurs

Dollar Cost Averaging (Deutsch: Durchschnittskosteneffekt): Effekt, bei der regelmäßigen Anlage gleichbleibender Beträge in Wertpapiere zu unterschiedlichen Kursen entsteht

Dow Jones: Älteste Aktienindex der USA

Drawdown: Verluste, die innerhalb einer bestimmten Zeit ausgehend vom Höchststand entstehen können

E-mini: Future Kontrakt auf den amerikanischen Index SP500

Entry-Strategie: Eine Strategie, die den Eintritt in einen Markt bestimmt

ETF: Börsengehandelter Investmentfonds

Eurostoxx50-Future: Future auf den Aktienindex, der 50 große börsennotierte Unternehmen der Eurozone beinhaltet

EUR/USD: Währungsverhältnis zwischen dem Euro und dem US Dollar

Exit-Strategie: Eine Strategie, die den Austritt aus einem Markt bestimmt

Fehlausbruch: Ein Fehlausbruch geschieht, wenn ein Kurs einen Widerstand überwindet oder eine Unterstützung unterschreitet, jedoch sich nicht als nachhaltig herausstellt

Finanzkrise: Globale Banken- und Finanzkrise als Teil der Weltwirtschaftskrise ab 2007

Flaggen: Chartformation, die sich durch einen seitwärts laufenden Kurs bildet

Forex: Forex Exchange Market, internationaler Devisenmarkt

FTSE100: der wichtigste britische Aktienindex

Futures: Terminkontrakt. Standardisierter Vertrag über den Kauf oder Verkauf einer bestimmten Menge einer Ware, zu einem festgelegten Preis, an einem bestimmten Datum

Gap: Kurslücke zwischen zwei Handelstagen

Glattstellung: Transaktion, bei dem eine offene Anlagebuch- oder Handelsbuchposition durch eine genau entgegengesetzte Transaktion neutralisiert wird

GBP/JPY: Währungsverhältnis zwischen dem Britischen Pfund und dem Japanischen Yen

Hang Seng Index: der führende Aktienindex in Hongkong

Hedgefonds: aktiv verwaltete Investmentfonds, die höhere Finanzrisiken eingehen als klassische Investmentfonds

Heikin Ashi Chart: Japanisch: „auf einem Fuß balancieren". Japanischer Darstellungsform von Kursveränderungen

Hochdividenden-Aktien: Aktien mit überdurchschnittlich hohen Dividenden

Hochfrequenzhandel: ein mit Computern betriebener Handel, der sich durch kurze Haltefristen und hohen Umsatz auszeichnet

Indikator: Kennzahl der Technischen Analyse, der der Bestimmung von Kursverläufen von Wertpapieren dient

Inflation: bezeichnet den Anstieg des allgemeinen Preisniveaus

Kommissionen: Kosten, die beim An- und Verkauf von Wertpapieren oder Terminkontrakten anfallen

Korrelation: das Verhalten von bestimmten Finanzmärkten und Effekten zueinander. Diese können sich entweder zur selben Zeit in die gleiche oder in verschiedene Richtungen bewegen

Lernkurve: Beschreibt im Trading den Erfolgsgrad eines aktiven Traders über den Verlauf der Zeit

Liquidität: Beschreibt im Börsenhandel in welchem Maß ein Wertpapier jederzeit ver- und gekauft werden kann

Long gehen: Long zu sein heißt, Wertpapierbestände gekauft und damit im Besitz zu haben.

Majors: Hauptwährungspaare

Market-Maker: Liquiditätsanbieter, die sowohl einen Kauf- als auch einen Verkaufspreis anbieten, in der Hoffnung, einen Gewinn aus dem Umsatz zu erzielen

Mean-Reversion: Die Neigung eines Börsenkurses, nach einer extremen Position wieder zu seinem Durchschnittwert zurückzukehren

Monatszahler: Unternehmen, die jeden Monat eine Dividende zahlen

Money-Management: Strategie, die darauf abzielt, das Risiko eines Wertpapier-Portfolios durch Größenfestlegung der einzelnen Handelspositionen zu steuern

Nasdaq: größte amerikanische Technologiebörse

Minors: Währungspaare, die nicht den US-Dollar, aber mindestens eine der drei anderen Hauptwährungen der Welt umfassen

Nikkei 225: bedeutendste Aktienindex Japans

Pip: (English: Percentage in Point) kleinste Änderung im Preis im Devisenhandel

Pit: Vorelektronische Parketthandel, bei welchem die Börsenhändler durch gegenseitiges Zurufen ihre Börsengeschäfte abschlossen

Portfolio: Gesamtheit aller aktiven Positionen eines Anlegers

Positions-Trading: Handelsstrategie in der ein Trader versucht, längerfristige Trends zu traden

Quellensteuer: Bezeichnung für eine Steuer, die direkt an der „Quelle" erhoben wird, aus der die Einkünfte fließen

Range: Seitwärtsbewegung eines Marktes

Real Estate Investment Trust (REIT): Unternehmen, das Eigentum an in- und ausländischen Immobilien erwirbt, verwaltet und veräußert

Reversal: Umkehr eines Kurstrends innerhalb eines Handelstages

Risikomanagement: sämtliche Maßnahmen zur systematischen Erkennung, Analyse, Bewertung, Überwachung und Kontrolle von Risiken

Short gehen: Ein Trader ist Short, wenn er eine Position verkauft, ohne sie zu besitzen (Leerverkauf)

Scalping: Trading-Technik, bei der der Trader versucht minimale Bewegungen im Markt zu handeln

Spread: Die Spanne zwischen Geld- und Briefkurs

Stop-Loss-Order: Verkaufsauftrag, der bestens ausgeführt wird, sobald ein bestimmter Kurs erreicht wird

Stop-Management: Aktives Verwalten von Stop-Orders während eines Trades

Swing-Trading: Handelsstrategie, bei der ein Wertpapier zwischen einem und mehreren Tagen gehalten wird

Technische Analyse: Methode zur Analyse der Preisentwicklung, die Marktdaten aus der Vergangenheit untersucht

Tick: Kleinste Preisveränderung an einem Futures-Markt

T-Note-Future: Future auf Amerikanische Staatsanleihen mit Laufzeiten von 2, 3, 5, 7 und 10 Jahren

Trailing-Stop: Automatisch nachgezogener Stop-Loss-Order

Trefferquote: beschreibt das Verhältnis von Gewinn-Trades zu Verlust-Trades

Trend Following: Trading-Strategie, die auf das Folgen eines einmal identifizierten Trends setzt

Unterstützung: Preisniveau, an dem vermehrt Käufer auftreten

USD/CHF: Währungsverhältnis zwischen dem US-Dollar und dem Schweizer Franken

USD/JPY: Währungsverhältnis zwischen dem US-Dollar und dem japanischen Yen

Volatilität: Standardabweichung. Gibt an, wie stark ein Kurs schwankt

Widerstand: Preisniveau, an dem vermehrt Verkäufer auftauchen

Xetra: Bedeutendste elektronische Börse Deutschlands

Zeit-Stop: Order, die eine Position nach einer vorab festgesetzten Anzahl Perioden automatisch schließt

Zinseszins-Effekt: Zins, der dem Kapital hinzugefügt und künftig zum geltenden Zinssatz zusammen mit dem Kapital verzinst wird

Weitere Bücher von Heikin Ashi Trader

Scalpen macht Spaß!
Die vollständige Serie

Heikin Ashi Trader wird weltweit als der Spezialist für Scalping mit dem Heikin Ashi Chart betrachtet. Er tradet seit nun über 19 Jahren. Er hat für einen Hedgefonds gehandelt und machte sich dann als Trader selbständig. Er ist auf Scalping und schnelles Daytrading spezialisiert. Sein Scalping-Buch "Scalpen macht Spaß!" ist ein internationaler Bestseller und wurde mehr als 50.000 Mal verkauft. Seine Bücher sind in 11 Sprachen übersetzt worden.

Teil 1: Traden mit dem Heikin Ashi-Chart

Teil 2: Beispiele aus der Praxis

Teil 3: Wie bewerte ich meine Trading-Ergebnisse?

Teil 4: Trading ist Flow-Business

Wie starte ich mit 500 Euro ein Trading-Business?

Viele Trader haben am Anfang nur wenig Geld fürs Traden zur Verfügung. Dies muss aber kein Hindernis sein, trotzdem eine Trader-Karriere ins Auge zu fassen. Allerdings geht es in diesem Buch nicht darum, wie man aus 500 Euro 500.000 Euro erwirtschaftet. Es sind gerade die überzogenen Rendite-Erwartungen, welche die meisten Anfänger zum Scheitern bringen.

Stattdessen zeigt der Autor realistische Wege auf, wie man trotz eines kleinen Startkapitals zu einem hauptberuflichen Trader werden kann. Und dies gilt sowohl für Trader, die privat bleiben wollen, als auch für diejenigen, die irgendwann Kundengelder traden wollen.

Dieses Buch zeigt Schritt für Schritt, wie Sie das schaffen können. Ergänzend gibt es noch einen konkreten Aktionsplan für jeden einzelnen Schritt. Jeder kann im Prinzip Trader werden, wenn er bereit ist zu lernen, wie dieses Geschäft wirklich funktioniert.

Swingtrading mit dem 4-Stunden-Chart

Die vollständige Serie:

Teil 1: Einführung in das Swingtrading

Teil 2: Trade the Fake!

Teil 3: Wo setze ich meinen Stop?

Dieses Buch enthält alle drei Bücher der Swingtrading-Methode des Heikin Ashi Traders. Sie ist ideal für Privatanleger, die nicht den ganzen Tag vor dem Bildschirm sitzen wollen.

Wie scalpe ich den Mini-DAX-Future?

Dank der Einführung des Mini-DAX-Futures (Kürzel: FDXM) bekommen Privatanleger mit kleineren Konten nun auch die Möglichkeit den deutschen Index DAX zu professionellen Konditionen zu scalpen. Im Gegensatz zu den meisten anderen Trading-Instrumenten sind Futures die transparenteste und günstigste Möglichkeit in den Finanzmärkten Geld zu verdienen.

Scalper haben unendlich viel mehr Trading-Gelegenheiten als Positionstrader oder Daytrader, was die eigentliche Stärke dieses Trading-Stiles ausmacht. Ein Scalper kann sein Kapital von daher viel effektiver verwalten als alle anderen Marktteilnehmer und ist somit in der Lage eine viel größere Rendite zu erwirtschaften als es sonst der Fall wäre.

Der Heikin Ashi Trader zeigt in diesem Buch wie man diesen neuen Future auf den DAX erfolgreich scalpen kann. Sie lernen, wie Sie in den Markt einsteigen, wie Sie Ihre Positionen managen und an welcher Stelle Sie wieder aussteigen sollten. Außerdem enthält das Buch eine Fülle an Tipps und Tools, um das eigene Trading noch effektiver und präziser zu gestalten.

Wie entwickle ich eine profitable Trading-Strategie?

Warum Sie das Gegenteil von dem tun sollten, was die Masse der Trader versucht

Trader gehen an die Börse aus keinem anderen Grund als um Punkte, Tics und Pips zu sammeln. So viel wie möglich und so schnell wie möglich. Sie brauchen daher eine Strategie, die genau dies leistet: permanent kleine Gewinne anhäufen, die sich irgendwann zu einem stattlichen Plus auf dem Konto summieren.

Damit dies gelingt, nimmt der Autor die klassische Empfehlung „Verluste begrenzen, Gewinne laufen lassen" unter die Lupe. Und er wagt in diesem Buch genau das Gegenteil von diesem gutgemeinten Ratschlag: Gewinne so klein wie möglich halten und Verluste möglich groß wählen.

Im zweiten Teil des Buches unterzieht er eine Strategie, die mit dieser These arbeitet, einem ausführlichen Test. Und die historischen Backtests geben ihm Recht. Wenn Trader das Gegenteil von dem tun, was die Masse versucht, haben Sie endlich Erfolg!

Wie macht man aus 5000 Euro eine Million?

Kann man an der Börse Millionär werden? Die Frage, wie man ein kleines Konto hochhandelt, beschäftigt zweifellos jeden Trader. Wie schafft man es, aus einer kleinen Summe ein Vermögen zu machen? Und am liebsten schnell? Genauso wie es möglich ist, ohne einen Euro Eigenkapital ein Immobilienimperium aufzubauen, so ist es möglich mit einem kleinen Startkapital (5000 Euro oder gar weniger) hohe Gewinne an der Börse zu erzielen.

In diesem Buch stellt der Heikin Ashi Trader eine Börsenstrategie vor, mit der dies gelingen kann. Vor allem erklärt er, dass der Faktor Positionsgröße eine viel entscheidender Rolle beim Börsenerfolg spielt als gemeinhin angenommen wird. Die richtige Frage lautet demnach nicht: wie oft liegst du richtig oder falsch, sondern wie groß ist deine Position, wenn du richtig liegst? Die Methode legt es gerade darauf an, die Märkte zu finden, in denen eine bedeutende Bewegung zu erwarten ist. Und dann sollte der Trader in diesem Markt eine große Position aufbauen, damit er in vollem Umfang von dieser Bewegung profitieren kann.

Wie trade ich eine Range?

Handeln Sie den interessantesten Markt der Welt

Trading-Ranges oder Seitwärtsphasen machen nachweislich über 70 % des Marktgeschehens an den Finanzmärkten aus. Es hat dann den Anschein, als wäre das große Geld vor allem in Trendphasen zu verdienen und als wären trendlose Märkte zu meiden, weil hier kaum ein Blumentopf zu gewinnen sei.

Die meisten Trader sind von daher auf der Suche nach einer großen Bewegung. Die Erfahrung zeigt aber, dass das Traden von solchen "Moves" oder "Trends" gar nicht so einfach ist.

Entweder erkennt man den Trend zu spät, oder die Bewegung bietet kaum Gelegenheiten einzusteigen.

Es gibt aber eine spezialisierte Gruppe von Tradern, die sich um die Trends nicht scheren, sondern genau das Gegenteil tun, nämlich die trendlosen Phasen traden. Das Buch beschreibt die Methoden und Taktiken dieser Trader. Es handelt also nicht davon, wie man eine Range identifiziert um dann den Ausbruch aus dieser zu traden, sondern davon wie man die Range selber tradet.

Forex Trading: Die komplette Serie!

Die Reihe „Forex Trading" beschäftigt sich mit Strategien, die speziell für Seitwärtsmärkten konzipiert sind. Außerdem geht Heikin Ashi Trader ein auf die Frage weshalb Trader, die sich auf den Forex-Handel spezialisieren, dazu neigen, nur eine einzelne Strategie zu traden. Durch die Verteilung von Gewinn und Verlust auf mehrere Strategien erzeugt der Trader jedoch eine Indifferenz gegenüber den Verlustserien in jeder einzelnen Strategie. Betrachtet er sie mehr wie ein Investment in seinem Portfolio, genauso wie eine Aktie oder ein Fonds, erhält er eine objektivere Sicht auf das Geschehen an den Märkten.

Trade gegen den Trend!

Anfängern wird meist das Traden mit dem Trend empfohlen. Aber ist es auch profitabel? Wenn Sie mit dem Trend gehen ist die Wahrscheinlichkeit, dass Sie richtig positioniert sind höher, so heißt es. Die Erfahrung zeigt aber, dass die meisten Trader daraus kein profitables Trading-Business aufbauen können.

Der alte Börsenfuchs Andre Kostolany hat es mal treffend zusammengefasst: Man muss kaufen, wenn in den Straßen Blut fließt. Das heißt doch wohl, dass man gegen den Trend handeln sollte. Eigentlich ist dieser Spruch der Ausdruck des gesunden

Menschenverstandes selbst. Die Frage ist nur: warum tun wir uns als Trader so schwer, diese Börsenweisheit in die Praxis umzusetzen?

Heikin Ashi Trader gibt Anregungen und Ideen wie man solche Gelegenheiten an der Börse erkennen kann, denn meistens liegen hier die besten Trading-Chancen.

Aktien machen Spaß!
Mit Dividenden finanziell frei werden

Frühere Generationen investierten in Aktien, weil sie durch deren Besitz über ein Einkommen verfügten, das nie versiegte. Im Gegensatz zu Anlegern, die auf Kurssteigerungen setzen, kaufen Vermögende aller Zeiten Dividendenaktien, deren regelmäßige Ausschüttungen entweder konsequent reinvestiert werden oder im Alter als Einkommen dienen.

In diesem ersten Teil der Buchreihe über Aktien zeigt der Autor wie der Kauf von Dividendenaktien mit der Zeit zu einem bedeutenden Vermögen führen kann, von dem man auch im Alter jahrzehntelang leben kann.

Vermögensaufbau muss nicht langweilig sein und kann sogar richtig Spaß machen. Wer jeden Monat beobachten kann, wie seine Aktien Geld ausschütten, bleibt motiviert und investiert weiter. Und dazu braucht es nicht mal ein Startkapital. Auch Anleger mit wenig Mitteln können im Zeitalter der Online-Broker bedeutende Vermögen aufbauen. Wie man das genau macht zeigt der Autor in einem gesonderten Kapitel. Darin erzählt er anhand von lebensnahen Beispielen wieviel man monatlich sparen muss um seine finanziellen Ziele zu erreichen.

Über den Autor

Heikin Ashi Trader ist das Pseudonym eines Traders, der mehr als 22 Jahren Erfahrung in Daytrading mit Futures und Devisen hat. Er hat für einen Hedgefonds gehandelt und machte sich dann als Trader selbständig. Er ist auf Scalping und schnelles Daytrading spezialisiert. Sein Scalping-Buch "Scalpen macht Spaß!" ist ein internationaler Bestseller und wurde mehr als 50.000 Mal verkauft und wurde in 11 Sprachen übersetzt. Er hat mehrere Bücher über Trading veröffentlicht, die sich gegenseitig erklären.

Webseite des Autors: www.heikinashitrader.net

YouTube-Kanal: Heikin Ashi Trader